城市发展水平评估系列报告

CITY DEVELOPMENT REPORT OF ZHUHAI 2017

2017 珠海城市发展报告

珠海市城科国际宜居城市研究中心　主编

中国建筑工业出版社

图书在版编目（CIP）数据

珠海城市发展报告 2017 / 珠海市城科国际宜居城市研究中心主编 . —北京：中国建筑工业出版社，2018.7
（城市发展水平评估系列报告）
ISBN 978-7-112-22454-8

Ⅰ. ①珠… Ⅱ. ①珠… Ⅲ. ①城市建设—研究报告—珠海—2017 Ⅳ. ① F299.276.53

中国版本图书馆 CIP 数据核字（2018）第 150902 号

本书是《城市发展水平评估系列报告》之一，主要以《珠海城市发展评价指标体系》和“基于大数据的十大民生指标”为技术基础，对全球城市发展动态，珠海城市发展动态、研究框架与评价方法、发展水平评估、发展愿景进行了分析与总结。

本书可供从事城市规划建设管理工作的人员参考。

责任编辑：于 莉
责任校对：姜小莲

城市发展水平评估系列报告
珠海城市发展报告 2017
珠海市城科国际宜居城市研究中心 主编
*
中国建筑工业出版社出版、发行（北京海淀三里河路 9 号）
各地新华书店、建筑书店经销
北京点击世代文化传媒有限公司制版
北京圣夫亚美印刷有限公司印刷
*
开本：787×1092 毫米 1/16 印张：9¼ 插页：1 字数：218 千字
2018 年 9 月第一版 2018 年 9 月第一次印刷
定价：50.00 元
ISBN 978-7-112-22454-8
（32322）

珠海城市发展报告 2017 组织框架

编 制 单 位：珠海市城科国际宜居城市研究中心

支 持 单 位：珠海市住房和城乡规划建设局

指 导 单 位：中国城市科学研究会

编委会主任：仇保兴

编　委　会：（按姓氏拼音排序）

董晓峰　何兴华　李　迅　任致远　王亚男

徐文珍　余　刚　张文忠　赵燕菁

执 行 主 编：李海龙

编写组成员：谢汝芹　张砚婷　逄珊珊　高会芳　谢皓月

王文静　方　丹　戴国雯　杨德凭　王　云

卢克宇　龚咏喜　仝　德　谭文杰　潘裕娟

前言

“城市工作要把创造优良人居环境作为中心目标，努力把城市建设成为人与人、人与自然和谐共处的美丽家园。”习近平总书记在时隔37年重新召开的中央城市工作会议上对我国当前及未来城市工作重点做了重要指示，要求在“建设”与“管理”两端着力，不断提升城市环境质量、人民生活质量、城市竞争力，建设和谐宜居、富有活力、各具特色的现代化城市。

继中央城市工作会议之后，全国各省、市纷纷召开当地城市工作会议，旨在探索新时代背景下城市的特色发展之路。珠海作为我国最早对外开放的经济特区之一、21世纪海上丝绸之路桥头堡以及粤港澳大湾区重要组成城市，秉承“先行先试、勇闯新路”的发展理念，长期不懈地坚持生态环境保护与社会经济创新发展双赢策略，积极探索建设“生态文明新特区、科学发展示范市”的道路，将城市宜居性建设作为城市发展的重要目标，致力于成为国内生态环境最好、低端产业集聚最少、土地开发强度最小、人口密度和素质最均衡、社会最和谐的城市之一。

面向粤港澳大湾区新时代，珠海城市经济社会发展既需要坚持不懈逐步提升，也需要猛药去重疴，恶补短板，弥补缺陷。因此，对珠海城市发展状况进行系统把脉、诊断、开方的急迫性与重要性日益凸显。本报告由全球城市发展动态、珠海城市发展动态、珠海城市研究框架与评价方法、珠海城市发展水平评估以及珠海城市发展愿景五个部分组成，是关于珠海城市发展状况的专业性评估与分析，也是珠海未来城市规划建设管理工作改革创新的重要参考依据。

全球城市发展动态，回顾了2016年国内外先进城市发展趋势，期望通过对国内外先进城市大事件的归纳、新排名的梳理以及新趋势的总结，探讨全球城市未来的挑战与发展趋势，为珠海城市发展提供全面且清晰的思路。

珠海城市发展动态，主要从全市和各行政区（功能区）角度综述了2016年珠海城市发展情况，对珠海新的政策、实践以及重要事件进行总结，从整体上把握珠海城市发展趋势。

珠海城市研究框架与评价方法，主要解读了珠海城市发展目标，并概述本书的技术基础——《珠海城市发展评价指标体系》和“基于大数据的十大民生指标”，为下文研究分析提供技术支撑。

珠海城市发展水平评估，对珠海 2016 年城市发展建设工作进行了综合评估，并基于 2015 年的评估结果进行了珠海城市发展水平的时序变化分析和空间演化分析，从总体评价和单领域评价两个层面揭示珠海城市发展现状。同时，将珠海单领域的发展水平评估结果进一步与国内外先进城市进行对比，摸清珠海城市发展建设工作的亮点与不足，从而为珠海城市未来各项工作指明方向。评估方法及结果把珠海开展的具有推广意义的工作，以“珠海经验”形式进行总结，以期为国内其他城市的建设与发展提供经验借鉴。

珠海城市发展愿景，基于珠海 2016 年城市发展水平评估与分析结果，有针对性地提出促进珠海城市发展水平提升的路径建议，结合珠海发展机遇，从发展趋势、发展格局、发展水平层面进行未来愿景展望。

《珠海城市发展报告 2017》主要以《珠海城市发展评价指标体系》和“基于大数据的十大民生指标”为技术基础，对珠海城市发展动态、发展水平、发展愿景、发展经验进行了分析与总结，直观呈现珠海城市建设进展。由于城市发展评价的复杂性以及编者的知识结构和水平限制，报告难免有不当之处，望各位读者朋友不吝赐教。随着“十九大”新时代的到来、粤港澳大湾区战略实施以及珠海城市的跨越式发展，我们将对评价指标体系进行不断的优化调整，使本系列报告也将更加充实完善。期待能够不断吸纳各方建议与意见，不断完善，共同促进珠海城市的发展，提升发展报告水平。

本书是《城市发展水平评估系列报告》之一，在中国城市科学研究会的指导下，由珠海市城科国际宜居城市研究中心承担编写组织工作。在编写过程中，得到了诸多单位和专家领导的支持，在此要特别感谢中国城市科学研究会、中国生态城市研究院、珠海市规划设计研究院、珠海市住房和城乡规划建设局、珠海市城乡规划编审与信息中心、珠海市城建档案馆以及中国建筑工业出版社编辑部等单位的大力支持。

目录

DEVELOPMENT DYNAMICS OF WORLD CITIES

1 全球城市发展动态

1.1 全球城市发展新愿景

NEW VISIONS OF WORLD CITIES

城，所以盛民也；民，乃城之本。作为人类文明的最大标志，城市已经成为人类活动的主要场所。城市的核心是人，而人们对城市生活的最根本愿望就是安居乐业。因此，创造一个充满活力且宜居的城市环境，让人们能够在其中更方便、更舒心、更美好地生活和工作，不仅是城市管理者和规划师的共同心愿，也是城市规划建设水平和服务的重要标尺，更是一座城市核心竞争力的体现。

2016 年对于全球城市的建设发展而言极为重要。在这短短的一年时间里，全球大事频发，世界在变革、博弈、重塑的格局中寻求着新的机遇和挑战。评估一个城市需对国际热点、国内事件以及相关的措施政策进行深度研读，以便更准确地把握未来城市发展的方向与重点，评估其进展及优劣势，以更好地指引城市的建设与发展，提高城市的综合实力和竞争力。

1.1.1 联合国倡导共享繁荣愿景

联合国是最大的政府间国际性组织，现有会员国 193 个。2016 年，联合国组织召开了 20 年一度的全球性峰会——“第三届联合国住房和城市可持续发展大会”（简称“人居三”），同时推动了“2015 年联合国可持续发展峰会”和“2015 年联合国气候峰会”成果文件的正式生效，致力于共同倡导未来城市的共享繁荣愿景。

联合国于 2016 年 10 月 17 日在厄瓜多尔基多举办的“人居三”大会上，强调城镇在结束贫困、构建包容社会方面发挥着巨大作用，呼吁各国积极采取行动，在“人居三”倡议下努力推进建设包容、安全和可持续的韧性城市进程[1]。会上通过了《新城市议程》和《城市与区域规划国际准则》，为未来 20 年城市的可持续发展设立了全球标准，并确立了目标和方向，也为各个区域、国家和地方的发展提供了一个普遍适用的参考框架，指导决策者因地制宜地制定和修订政策、规划、设计，共同建设包容、安全、韧性和可持续的城市和人类住区。

2015 年联合国可持续发展峰会上通过的《2015 年后可持续发展议程》（简称《发展议程》）于 2016 年 1 月 1 日正式启动，标志着全球城市全面迈入可持续发展 2.0 时代。针对城市未来建设，《发展议程》提出建设“包容、安全、韧性和可持续”的城市，具体实施路径涵盖住房、交通设施、文化与自然遗产、绿色公共空间、抗灾建筑、城市灾害风险管理、城市环境影响管理、人类住区综合规划与管理、国家和区域发展规划等方面，其宗旨为消除贫困、保护地球、确保所有人都共享繁荣。

2015 年联合国气候峰会上通过的《巴黎气候变化协定》（简称《巴黎协定》）也于 2016 年 10 月 4 日正式生效，这是第一份真正意义上的全球气候协议。该协议动员全世界人民为

---

[1] 石楠 . 人居三 [J]. 城市规划，2016，40（11）：1.

未来争取一个安全、永续的环境，明确了世界各国在碳排放上的共同“硬指标”，将促使各国在未来数十年转变各自的发展生活与方式。

总体上，通过“人居三”搭建全球城市治理框架《发展议程》引领城市进入可持续发展 2.0 时代、《巴黎协定》鼓励创新和持久的气候行动等，联合国正致力于多渠道倡导惠及全人类的共享繁荣的城市愿景。

1.1.2 国际城市及组织聚焦城市韧性可持续发展

随着应对气候变化行动的深入推进，“韧性”概念也逐渐被各大国际城市、国际组织接受并不断丰富。如今，韧性城市已不局限于气候变化领域，而是指能够合理准备、缓冲和应对不确定扰动，拥有保持城市公共安全、社会秩序和经济建设等系统正常运行能力的城市[1]。城市具有了韧性，才能够在面临经济、社会、生态等危机和困难中从容应对，为城市的可持续发展提供一个更加稳定和安全的环境。

在近年来的城市规划、城市研究类国际会议中，“韧性”一词也被频繁提及。譬如，纽约 2015 年 4 月发布的《一个纽约——规划强大和公正的城市》中规划创建有韧性的城市，使街区、经济和公共服务做好经受各种挑战的充分准备，以应对气候变化的影响和其他的威胁。德国政府于 2016 年 11 月通过了《气候变化行动方案 2050》，这份全国性气候变化纲领文件为各个领域设置了具体目标和战略发展方向，以促进城市韧性能力建设，提升各领域的可持续发展能力。上海 2017 年新发布的《上海市城市总体规划（2015—2040 年）》也明确提出，要强化城市基础保障，提高城市生命线系统保障和智能化水平，建设一个更可持续发展的韧性之城。

在 2016 年举办的“世界韧性城市大会”“世界城市峰会”“城市转型全球峰会”等各类学术研究会议上，如何通过韧性城市的建设来提升城市在应对气候、生态、经济和社会等方面危机的能力，提高城市的综合安全性和稳定性，成为专家学者们新的关注点。

1.1.3 中央政府引导优良人居环境建设

“城市工作要把创造优良人居环境作为中心目标，努力把城市建设成为人与人、人与自然和谐共处的美丽家园。”习近平总书记在时隔 37 年重新召开的中央城市工作会议上对我国当前及未来城市工作重点做了重要指示，要求在“建设”与“管理”两端着力，通过转变城市发展方式、完善城市治理体系、提高城市治理能力、着力解决城市病等突出问题，不断提升城市环境质量、人民生活质量、城市竞争力，建设和谐宜居、富有活力、各具特色的现代化城市。

秉承中央城市工作会议精神，包括青岛、杭州、厦门、广州、成都等在内的至少 45 个城市，将“建设经济繁荣、和谐宜居、生态良好、富有活力、特色鲜明的现代化城市”写入新一轮

[1] 邵亦文，徐江．城市韧性：基于国际文献综述的概念解析 [J]. 国际城市规划，2015，30（2）：48-54.

城市总体规划发展目标。中央城市工作会议突出强调增强规划的科学性，延续城市历史文脉，改革城市管理体制，统筹生产、生活、生态三大布局，以实现生产空间集约高效、生活空间宜居适度、生态空间山清水秀。

此外，中央政府还在雄安新区、北京城市副中心、粤港澳大湾区等国家级城市战略布局中融入生态宜居发展的理念。譬如，在 2016 年 5 月的中央政治局工作会议上，习近平总书记提出以创造历史、追求艺术的精神进行北京城市副中心的规划设计建设，构建蓝绿交织、清新明亮、水城共融、多组团集约紧凑发展的生态城市布局，着力打造国际一流和谐宜居之都示范区。2017 年 3 月 6 日，十二届全国人大五次会议广东代表团全体会议提出重点从加强基础设施互联互通、打造全球创新高地、携手构建“一带一路”开放新格局、培育利益共享的产业价值链、共建金融核心圈及共建大湾区优质生活圈六个方面，全面谋划粤港澳大湾区建设发展。2017 年 4 月 1 日，中共中央、国务院印发通知，决定设立河北雄安新区，要求坚持生态优先、绿色发展，坚持以人民为中心、注重保障和改善民生，坚持保护弘扬中华优秀传统文化、延续历史文脉，将雄安新区建设成为绿色生态宜居新城区、创新驱动发展引领区、协调发展示范区、开放发展先行区。

1.2 全球城市发展新排名

NEW RANKINGS OF WORLD CITIES

1.2.1 全球城市发展排名榜

2016 年，中国社会科学院、联合国人居署、日本都市战略研究所、美国管理咨询公司科尔尼等国内外权威评价机构延续多年工作，选取多方面评价因子，在全球范围内继续评选综合实力最强的城市。

2016 年度全球城市发展权威排名榜（前 10 名） 表 1–1

排名	MMF 全球城市综合实力排名 （10/42）	CASS-UN 全球城市竞争力排名 （10/505）	A.T. Kearney 全球城市指数综合实力榜 （10/126）
1	伦敦	伦敦	伦敦
2	纽约	纽约	纽约
3	东京	东京	巴黎
4	巴黎	巴黎	东京
5	新加坡	新加坡	香港
6	首尔	香港	洛杉矶
7	香港	上海	芝加哥
8	阿姆斯特丹	北京	新加坡
9	柏林	悉尼	北京
10	维也纳	法兰克福	华盛顿

日本森纪念财团(MMF)的城市战略研究所从2008年开始发布全球城市实力指数(Global Power City Index，简称GPCI)。该研究所认为全球城市的综合实力表现为对大公司和创新人才的吸引能力，通过六大功能（经济、研发、文化、宜居、环境、可达性）与五大人群（精英经理人、研发人员、艺术家、旅行者、本地人群）的分类排序，对全球40个主要城市展开调查，最终得出全球城市综合实力排序[1]。2016年度排名结果显示（见表1-1)，伦敦连续五年位居榜首，纽约紧随其后排名第二；而连续多年一直排名第四的东京超越巴黎位居第三，主要是由于巴黎受多次恐怖袭击事件影响，外国游客减少致使文化交流领域评价降低；中国仅有香港进入前十，位居第七，排名与2015年相同。

中国社会科学院（财经院）– 联合国人居署联合课题组（CASS-UN）发布的《全球城市竞争力报告2017——丝绸之路城市网》，利用企业本体、当地需求、当地要素、硬件环境、软件环境、全球联系六大方面的潜在变量构建指标体系，通过大量详实的数据对全球505个城市的潜在竞争力进行评估[2]。结果显示(见表1-1)，全球最具竞争力城市前三甲依次为伦敦、纽约、东京。其中，中国香港、上海和北京优势明显，位列前十名。

美国管理咨询公司科尔尼（A.T. Kearney）连续七年从商业活动、人力资本、信息交流、文化体育和政治参与五大维度对全球领先城市及有影响力城市进行综合评估。其中，运用创业生态环境指标来评估的商业发展潜力成为2016年城市实力展现的重要因素，而包括英国脱欧、美国总统大选等事件在内的地缘政治因素也对榜单起到了明显影响[3]。结果显示（见表1-1)，伦敦位居榜首，中国香港和北京位列第五和第九。

综合MMF、CASS-UN和A.T. Kearney的2016年度前10名世界城市综合实力分布情况可发现，世界实力领先城市主要分布在欧洲、北美洲和亚洲地区，欧美城市优势明显，而亚洲城市潜力巨大。尽管这些排行榜衡量的指标体系和评估的重心各有侧重，但对比来看，全球经济发展水平领先的城市往往综合实力也遥遥领先，这些城市不仅当前表现卓越，同时也具备持续成长能力和全球影响力。

1.2.2 中国城市发展排名榜

中国社会科学院、清华大学、麦肯锡等权威评价机构也选取多方面评价因子，在中国城市范围内评选2016年度可持续发展实力最强的城市。

---

[1] Yamato Norio，Hori Hirofumi，Ito Kana，et al. “Global Power City Index 2016” [R].The Mori Memorial Foundation，2016.

[2] Ni Pengfei，Kamiya Marco，Ding Ruxi. “Cities Network Along the Silk Road——The Global Urban Competitiveness Report 2017” [R]. CHINA SOCIAL SCIENCES PRESS，2017.

[3] A.T. Kearney. “Global Cities 2016” [EB/OL]. http：//www. atkearney.tw/ research-studies/ global-cities-index.html.

2016 年度中国城市竞争力权威排名榜（前 10 名）　　表 1-2

排名	CASS 中国可持续城市竞争力十强 （10/289）	UCI 中国城市可持续发展综合排名 （10/185）
1	香港	深圳
2	北京	杭州
3	上海	舟山
4	深圳	珠海
5	广州	宁波
6	杭州	广州
7	南京	威海
8	澳门	湖州
9	青岛	中山
10	大连	绍兴

中国社会科学院（CASS）主要针对城市的社会治安、交通状况、居住环境、生态环境、公共服务等方面，利用气候、空气质量、收入房价比等指标进行可持续城市竞争力评选。2016 年公布的“中国可持续城市竞争力十强”结果显示（见表 1-2），香港位居第一，其各项指标均较为靠前，尤其在生态城市、全域城市、信息城市和知识城市竞争力方面优势显著，均排名前三。北京、上海、深圳及广州保持了一贯良好的发展势头，位列前五名[1]。

由清华大学和麦肯锡公司合作创建的城市中国计划（Urban China Initiative，简称UCI）发布的《2016 城市可持续发展指数（USI2016）》，采用对社会、环境、经济、资源四大领域共 23 个指标的加权分析方法，对中国 185 个城市在 2006 年到 2014 年间的综合可持续发展水平进行了评估。结果显示（见表 1-2），与上一次评估（2011 年）相比，深圳、杭州、珠海、广州表现优异，仍位列前十名。其中深圳整体发展较为均衡，在社会、环境、经济方面均有突出表现，远超全国平均得分，而原前十榜单中的厦门、大连、福州、北京、长沙和烟台由于环境清洁、资源利用等分项指标表现不佳被舟山、宁波、威海、湖州、中山和绍兴取代。

综合 CASS、UCI 的 2016 年度前 10 名中国可持续竞争力优异城市分布情况可发现，国内可持续发展竞争力较强的城市均分布在经济发达的东部沿海地区，主要集中在珠三角、长三角和山东半岛地区。这些城市除经济较为发达以外，普遍具有较为明显的生态优势，同时在城市规划、建设、发展过程中注重走环境保护与经济发展双赢的道路，为市民打造一个环境优良、城市安全、生活便利、经济繁荣、社会文明的城市环境。

[1] 倪鹏飞．中国城市竞争力报告 NO.15——房价体系：中国转型升级的杠杆与陷阱 [M]. 北京：中国社会科学出版社，2017.

1.3 全球城市发展新趋势

NEW TRENDS OF WORLD CITIES

随着国内外城市的不断发展和市民对美好生活的更高追求，人们对理想城市的认知在发生着改变，城市建设方向和重点也在不断调整、丰富和发展。过去几年，世界各地政府、组织通过不同的会议和活动，进一步挖掘城市发展更深层次的内涵、把握城市建设的发展趋势，将城市发展新理念融入城市发展规划和研究中，通过制定相应的战略和规划，更好地引导未来城市的建设和发展。

新加坡发布的《2015 新加坡可持续性蓝图》中提出建设适合居住和令人热爱的家、充满活力和可持续发展的城市以及活跃和亲切的社群。东京发布的《创造未来：东京都长期展望》中提出东京长远目标是打造能为居民提供最大幸福的"世界第一城市"。2015 年修改后的《伦敦规划 2036》增加了"让人愉悦的城市"发展目标。《首尔规划 2030》则提出打造有沟通和关怀的、幸福的市民城市。《巴黎大区 2030》着眼于可持续发展理念，提出建立一个更加多元化、适合生活和有吸引力的地区。温哥华的《区域发展战略 2040》则强调保护和提升自然环境，注重完善社区和打造社会凝聚力。《鹿特丹都市远景 2030》以"永续"作为城市未来的发展核心，建立一个适合人居住的城市。《奥克兰规划 2040》致力于构建公正公平、具有社会凝聚力的强大社区。《北京城市总体规划（2016—2035 年）》着眼于更广阔的空间来谋划首都的未来，提出建设国际一流的和谐宜居之都；《上海市城市总体规划（2015—2040 年）》提出到 2040 年将上海建成更具竞争力、更具可持续发展能力、更富魅力的全球创新之城、生态之城和人文之城。

1.3.1 以人为本营造高质量生活环境

城市的本质是为人服务，纵观国内外优秀城市无一不是将"以人为本"发挥得淋漓尽致。它们在城市规划建设中充分考虑和满足人们的物质需要和精神需求，遵循公平原则保障每位居民都能拥有平等、自由的权利和享有较为轻松、安全、舒适的生活环境，并不断赋予"人本"更多的具体含义[1]。

1.3.1.1 营建多功能复合型人文社区

社区是直接关系市民生活质量水平的城市基本单位，近年来国际高水平发展城市普遍追求打造多样化、有归属感的社区，包括德国汉堡市的"阿斯特校区"项目、法国马赛市北部的首个生态街区项目以及墨尔本政府提出的"20 分钟生活圈"等，都致力于为居民提供集

[1] 胡天新，杜澍，李壮．生活质量导向的城市规划：意义与特征 [J]. 国际城市规划，2013，28（1）：7-10.

居住、办公、休闲、娱乐于一体的“一站式”社区生活❶。

1.3.1.2 提供高质量住房与保障性住房

居住是人的基本需求，“居者有其屋”是城市对市民最真挚的诺言。新加坡的组屋、维也纳的政府补贴住房、阿姆斯特丹的公共住房等，都居住着整个城市一半以上的居民❷。为应对人口增加带来的住房紧张问题,许多城市尤为关注供应高质量住房和保障性住房。如《伦敦规划 2036》提出建设充足的高质量房屋和街区，并为经济实力较差的居民每年新增提供 13200 套可负担住宅。2016 年世界人居日也提出“以住房为核心”的主题，再次强调并呼吁世界各国加大对住房的保障，以推动城市的可持续发展。

1.3.1.3 倡导慢行交通和绿色出行

近年来，国际发达城市在打造便捷高效的交通体系同时，不约而同地将目光投向了以步行和自行车交通为代表的慢行交通和绿色出行方式。如温哥华致力于通过更新交通规划、改善人行道安全性、在市中心和骑车机会较多的地区推行公共自行车，实现到 2020 年步行、自行车和公共交通的出行比例占全部出行的一半以上。维也纳计划到 2025 年公共交通、自行车的出行比例上升到 80%。哥本哈根创造性地打造自行车“高速公路”，促进市民把自行车作为出行的首选交通工具❸。深圳则通过打造创新的“互联网 + 低碳”模式的碳账户，积极鼓励市民使用自行车和新能源汽车绿色出行、低碳生活。近几年在我国蓬勃兴起的共享单车成为市民的新宠，截至 2016 年底共享单车用户总数达到 2030 万人次，全国运营市场达到 11.5 亿元，这个数据仍在持续增长。

1.3.1.4 尊重历史文化及保护城市肌理

为重塑城市形象、保存人们的历史记忆，许多城市加大了对现存历史街区和文物建筑的保护、修缮以及合理利用，使其与现代建筑相融成为城市的美好存在。如《新加坡 2014 年总体规划》特别指出全国有 75 座古迹建筑被列为保护对象，同时要求重视老市镇的活化，让每个市镇保有独特性。《伦敦规划 2036》要求尊重已有建筑、环境和地区的文化特征与自然属性，并将其价值延伸到开放和绿色空间中以塑造区域个性化。2014 年，我国发布了《国家新型城镇化规划（2014—2020 年）》，明确提出“注重在旧城改造中保护历史文化遗产、民族文化风格和传统风貌，促进功能提升与文化文物保护相结合。注重在新城新区建设中融入传统文化元素，与原有城市自然人文特征相协调”。

---

❶ 杨梅 . 社区规划发展历程及国内典型实践的思考 [C]// 中国城市规划学会，沈阳市人民政府 . 规划 60 年：成就与挑战——2016 中国城市规划年会论文集（17 住房建设规划）. 中国城市规划学会，沈阳市人民政府，2016：9.

❷ 李进涛，孙峻 . 国外公共住房配置准则及退出机制 [J]. 城市问题，2013（11）：84-90.

❸ 刘宇，陈坤杰 . 国外城市慢行交通复兴的启示 [J]. 交通世界，2017（20）：8-10.

1.3.2 空间紧凑立体建设

据联合国发布的《世界城镇化展望》显示，截至 2014 年世界范围内已有 54% 的人口（约 39 亿人）居住在城市地区，而且这一数据到 2050 年将上升至 66%，相当于城市人口还将增加 25 亿人。因此，对有限的土地资源进行节约集约高效利用，实现空间的紧凑立体建设成了广大城市建设的共同选择。

1.3.2.1 严格控制城市增长边界

城市增长边界是指城市建设用地与非建设用地的分界线，其基本功能是控制城市规模的无节制扩展。如温哥华早在 1996 年就通过绿带划定城市增长边界[1]，在最新的《区域发展战略 2040》中再度强调严格控制城市增长不突破原有边界。《墨尔本政府"2030 计划"》则提出将大墨尔本区域一半以上的面积划定为"绿楔"地区，要求大墨尔本向紧凑型中高密度城市发展。我国自 2013 年中央城镇化工作会议以来，在《国家新型城镇化规划（2014—2020 年）》《生态文明体制改革总体方案》、中央城市工作会议等一系列重要文件和会议上提出划定"城市开发边界"的要求，使其成了城市发展的热点话题之一。北京市在最新修订的《北京城市总体规划（2016—2035 年）》中便划定了全市生态红线和城市增长边界，以遏制城市"摊大饼"式发展，并首次提出"减量"发展、"减量"用地。

1.3.2.2 倡导建设用地精明增长

由于人口的不断增加，不少城市通过打造新城或者卫星城的形式提高自身容载力。为避免出现"空城"、"鬼城"等现象，国际高水平发展城市普遍追求土地的精明增长，通过限制城市建设边界、强化城市既有网络建设、改善各城市之间的公共交通联系等途径实现空间效益最大化，以构建优质紧凑空间[2]。如《奥克兰规划 2040》直接提出在规划期内，60% ~ 70% 的新建住房布置在现有的城区内，其余的 30% ~ 40% 布置在新规划的开发区、卫星城、乡村和沿海城镇中。《墨尔本规划 2050》则鼓励高效使用基础设施、拓展城市活动中心功能，要求新住宅集中建设在活动中心和靠近服务与交通节点的区域等。2015 年 12 月，习近平总书记在中央城市工作会议上提出，要坚持集约发展，树立"精明增长"、"紧凑城市"理念，科学划定城市开发边界，推动城市发展由外延扩张式向内涵提升式转变。

1.3.2.3 倡导 TOD 开发模式

随着哥本哈根的"手指形态规划"、新加坡用轨道交通将 23 个新镇串联发展模式以及香港和东京对轨道站域高密度开发等案例的成功运行，TOD 模式被公认为实现城市空间紧凑

---

[1] 王颖，顾朝林，李晓江．中外城市增长边界研究进展 [J]. 国际城市规划，2014，29（4）：1-11.

[2] 王婧，方创琳．城市建设用地增长研究进展与展望 [J]. 地理科学进展，2011，30（11）：1440-1448.

发展的有效途径，愈发受到国内外城市建设的重视[1]。新时期，墨尔本鼓励交通导向下的高密度开发，在《墨尔本规划 2050》中提出依托便捷的交通和紧凑的基础设施，对土地资源进行集约化科学利用以及降低市民住房成本。温哥华则要求在未来城市建设中引导主要的商业、办公、居住及零售在城市中心及区域交通沿线发展。

1.3.2.4 鼓励多层面立体化建设

面对城市空间资源日趋紧张的现状，追求土地开发效益与质量的最大化，对城市进行“竖向”、“立体化”开发建设，是当前城市形态发展的大趋势，也是现代城市营建的重要课题。国内外诸多城市主要通过建筑的高层化和多功能化、地下空间的多功能利用化、道路交通系统的多元接驳等途径实现空间的多层面立体开发[2]。如伦敦举办的城市规划大赛将“2015 年度最佳概念奖”颁给了旨在更新改造伦敦街道下已荒废的地铁设施的 Gensler 公司，该公司计划对伦敦地下空间进行二次开发利用。新加坡在 2014 年最新的“公园与水体规划”中强调推进“立体绿化”，达到既节约空间又绿化城市的目的。利用建筑进行立体绿化与都市农业的融合发展也正成为世界发展的新兴趋势。

1.3.3 智慧服务低碳发展

为提高城市服务管理水平，实现城市发展既满足当代人的需求又不损害后代人满足其需求的能力，现代城市将可持续发展、智慧服务、低碳生态理念融入城市发展的全过程。

1.3.3.1 升级服务打造智慧城市

智慧城市是城市发展和演进的更高阶段，强调通过动态感知来实现对城市各个构成要素的动态管理，其核心价值是以人为本和实现可持续发展。近年来，国内外许多城市纷纷加入了智慧城市建设队伍，其实践与研究涉及公共服务、社会管理、市政设施等多个领域。如《智慧伦敦计划》致力于将新科技转化为服务伦敦和改善伦敦人生活的力量。而维也纳的智慧城市建设已经在城市规划层面得以实施，通过《2012—2015 年行动计划》《2020 年路线图》《智能能源展望 2050》不断明确“智慧维也纳”建设目标，致力于成为欧洲领先智慧城市。2014 年，我国发布了《国家新型城镇化规划（2014—2020 年）》，提出了将智慧城市作为城市发展的全新模式，大力推进智慧城市建设，并在 2015 年出台了智慧城市评价模型和基础评价标准体系的国家标准，重点督促城市在智慧交通、电子政务、智慧医疗、智能家居、智慧旅游等领域加快发展。

---

[1] 李珽，史懿亭，符文颖 . TOD 概念的发展及其中国化 [J]. 国际城市规划，2015，30（3）：72-77.

[2] 董贺轩 . 城市立体化——城市模式发展的一种新趋向解析 [J]. 东南大学学报（自然科学版），2005，35（S1）：225-229.

1.3.3.2 应对气候挑战低碳发展

全球气候变化问题是世界各国的共同关注点，自 1992 年国际社会通过首份《联合国气候变化框架公约》以来，越来越多的城市将应对气候变化挑战、发展低碳城市视为己任，甚至部分城市提出“零碳排放”口号。如哥本哈根提出到 2025 年建成世界第一座碳中和城市❶。《伦敦规划 2036》计划将伦敦打造成为低碳节能的世界级环保城市。此外，维也纳的城市气候保护计划、纽约的可持续城市与韧性城市建设计划、洛杉矶的可持续城市规划、温哥华的“更少生态足迹”目标、鹿特丹的“零 CO_2 排放的世界能源之都”目标等等，充分反映了世界各地正通过各自的低碳发展促进全球气候问题的解决。2016 年 11 月国家发展和改革委员会发布的《中国应对气候变化的政策与行动 2016 年度报告》全方位展示了我国应对气候变化的政策行动及成效。陆续出台的《“十二五”控制温室气体排放工作方案》《国家应对气候变化规划（2014—2020 年）》《国家适应气候变化战略》等重大政策文件，正积极推动各地应对气候变化，促进经济发展低碳转型，不断深化落实《巴黎协定》。

1.3.3.3 鼓励使用清洁再生能源

面对化石能源枯竭、环境污染以及全球气候变化问题，减少人类对化石能源的依赖，转向使用清洁的可再生能源，是许多国家和地区的共同选择。其中，哥本哈根、法兰克福、乔治敦、圣地亚哥、拉斯维加斯等城市更是率先承诺 100% 采用再生能源，很多城市亦采取多种措施尽可能提高可再生能源的使用比例。如阿姆斯特丹计划到 2040 年城市道路上绝大部分的机动车是电动车。伦敦积极开发电力、水力驱动型机械，减少石油消耗量，提高可再生能源占比。维也纳大力推广太阳能产业，在可再生能源的立项和财政上予以倾斜。悉尼发展“绿色物业”，在城市的老公寓上安装太阳能发电装置❷。我国 2016 年底正式印发的《能源发展“十三五”规划》提出了要着力优化能源结构，实现清洁低碳发展，使清洁低碳能源作为今后能源供应增量的主体。

1.3.3.4 尊重自然建设海绵城市

尽可能减少城市开发建设对自然生态系统的影响，实现人与自然和谐发展是可持续发展的根本。海绵城市由于其能实现水在城市中更“自然”的迁移活动，可以减少洪涝净化水质，因而成了全球城市的重要选择。如伦敦新的《住房建筑管理规定》要求开发商和居民更加积极地在家中建立雨水回收系统。“大巴黎改造计划”要求进一步完善巴黎既有的城市水循环系统，同时在市内多个地点增设蓄水、净水处理中心，提高整个城市对雨水的收集与再利用能力❸。2013 年，习近平总书记在中央城镇化工作会议上提出“建设自然积存、自然渗

---

❶ 邓明君，罗文兵，尹立娟 . 国外碳中和理论研究与实践发展述评 [J]. 资源科学，2013，35（5）：1084-1094.

❷ 孟祥林 . 可再生能源的国外发展经验与我国的发展选择 [J]. 再生资源与循环经济，2014，7（10）：40-44.

❸ 洪亮平，陶文铸 . 法国的大巴黎计划及启示 [J]. 城市问题，2010（10）：91-96.

透、自然净化的海绵城市”，2015 年，国务院印发了《关于推进海绵城市建设的指导意见》，明确要求通过海绵城市建设来最大限度地减少城市开发建设对生态环境的影响。2016 年以来，住房和城乡建设部、水利部、财政部三部委在全国范围内开展了 30 个海绵城市建设试点，对推动我国海绵城市建设起到了重大作用。

1.3.4 创新经济共同繁荣

城市的建设与发展需要强大的经济作为后盾，繁荣、低碳、创新的经济则是现代城市发展动力的源泉。随着经济生活的国际化和生产的社会化发展，许多城市愈发重视发挥区域合作的贡献，积极创新经济发展引擎，推动共同繁荣。

1.3.4.1 发展绿色经济成果普惠民众

自 2011 年联合国发布《迈向绿色经济：通往可持续发展和消除贫困的各种途径》以来，全球城市可谓进入了大力发展绿色经济、实现经济发展模式绿色转型发展新阶段。如《温哥华最绿城市行动规划 2020》提出通过发展绿色工作集群、建设绿色企业园区以及商业参与项目等途径，实现到 2020 年绿色经济的工作岗位数量、积极参与绿色运营的公司数量均比 2010 年翻一番。

在发展和强化城市经济实力的同时，现代城市还致力于成为经济发展成果分配更合理的城市。如《伦敦规划 2036》提出要发挥伦敦强大和多元的经济实力、竞争力强的建设水平、超前的创新和研发能力，实现经济发展成果惠及全体伦敦人。纽约致力于为所有人提供拥有尊严和有保障生活的机会，提供高收入的工作[1]。2014 年的“大巴黎计划”要求促进地区经济发展，到 2030 年增加 80 万个就业岗位[2]。

1.3.4.2 构建经济带促区域合作

在全球经济一体化高速发展的今天，每个城市都不是单独发展的个体，而是依靠专业分工和共同合作紧密联系在一起的共同体。纵观世界各地都市经济圈的发展历程，从以核心城市为主的单体都市经济圈发展至现阶段的若干个经济圈耦合形成更大规模的都市经济带。对于前期已形成都市经济圈的国际知名城市而言（如温哥华、墨尔本、巴黎、鹿特丹、伦敦等），其当前及未来一段时间的发展目标之一便是加入或形成更高级、更成熟的都市经济带，进而更深层次地参与全球经济一体化进程，实现城市带之间的共同繁荣。

2014 年我国发布的《国家新型城镇化规划（2014—2020 年）》指出，京津冀、长江三角洲和珠江三角洲城市群，是我国经济最具活力、开放程度最高、创新能力最强、吸纳外来人口最多的地区，要以建设世界级城市群为目标，继续在制度创新、科技进步、产业升级、

---

[1] 周振华 . 伦敦、纽约、东京经济转型的经验及其借鉴 [J]. 科学发展，2011（10）：3-11.

[2] 洪亮平，陶文铸 . 法国的大巴黎计划及启示 [J]. 城市问题，2010（10）：91-96.

绿色发展等方面走在全国前列，加快形成国际竞争新优势，在更高层次参与国际合作和竞争，发挥其对全国经济社会发展的重要支撑和引领作用。对于京津冀城市群，中共中央政治局2015年4月审议通过的《京津冀协同发展规划纲要》，将京津冀整体定位为“以首都为核心的世界级城市群”，致力于推动有序疏解北京非首都功能，促进区域协调发展，形成新增长极。对于珠江三角洲城市群，国务院2016年3月印发的《关于深化泛珠三角区域合作的指导意见》，明确要求广州、深圳、珠海等九市携手港澳，共同打造粤港澳大湾区，建设世界级城市群，通过区域间协作互利互补，促进经济协同发展。长江三角洲城市群则包括上海、江苏、浙江、安徽，已是国际公认的六大世界级城市群之一，致力于建设成为世界第一大都市圈。

1.3.4.3 创新驱动经济重焕生机

全球金融危机发生之后，以技术变革创新来实现产业转型升级的新一轮科技革命兴起，其中以美国的“再工业化”战略和德国的“工业4.0”计划为代表，以驱动经济发展。纽约、伦敦、东京等全球城市都提出了建设全球创新中心的目标。纽约通过政府的大力扶持、公私合营和研发投入等措施，使得科技创新能力大大提升。伦敦通过加强区域创新体系的建设和营造创新文化氛围等使其在创新经济发展上持续领先。东京通过对高新技术企业的优惠政策和“官—产—学—研”一体化的城市创新体系来打造科技东京、人才东京[1]。

在我国，实施创新驱动发展战略也成为国家重大战略部署，2017年初印发的《国家创新驱动发展战略纲要》明确提出战略目标——到2020年进入创新型国家行列，基本建成中国特色国家创新体系；到2030年跻身创新型国家前列，发展驱动力实现根本转换，经济社会发展水平和国际竞争力大幅提升；到2050年建成世界科技创新强国，成为世界主要科学中心和创新高地。纲要重点从科技创新、产业创新、区域创新、组织创新、军民协同创新、大众创新等方面进行了系统部署，以助力形成新的发展动力，推进城市经济可持续发展，提高综合实力和国际竞争力。

---

[1] 陈维民，李光全．世界城市发展趋势和我国建设世界城市的意义[J]．城市，2015（10）：10-17.

DEVELOPMENT DYNAMICS OF ZHUHAI

2
珠海城市发展动态

2.1 总体发展成就

OVERALL DEVELOPMENT ACHIEVEMENTS OF ZHUHAI

珠海自 1979 年建市以来，逐渐展现出稳态的经济发展、良好的社会形态、卓越的生态文明建设、积极的人民生活保障等城市状态。目前，面临日渐复杂的国际国内形势，国家级战略接踵而来，珠海迎来了新一轮的黄金机遇期：中央层面研究制定的“粤港澳大湾区城市群发展规划”，致力于打造国家自主创新示范区，以提升湾区城市群在国家经济发展和对外开放中的地位。珠海以其优越的地理位置、丰富的珠澳合作交流经验以及生态优良、用地充足的后发优势成为湾区战略节点城市。“一带一路”建设不断深化，跨区域高效率、大容量、多要素的经济社会发展网络逐渐形成，各城市与区域间合作交流向着更高层次、更宽领域不断迈进，珠海以其特区优势与自贸区优势成为重大支点城市。港珠澳大桥通车在即，湾区城市交通格局重塑，极大地促进了区域内人口、产业、经济的流动并带来了空前的城市融合发展，珠海作为内地唯一与港澳陆地相连的城市，其战略地位与未来发展潜力不言而喻[1,2]。

系列利好政策环境与黄金发展战略机遇，深刻改变着珠海作为珠江西岸核心城市的政治经济地位。未来，珠海有望凭借各项发展机遇与挑战，加速与世界经济接轨、对接全球优势产业链、发挥自贸区创新高地优势、健全海陆空立体化交通体系，全面激发自身在湾区城市群中的核心优势，在更大范围内进行资源优化配置，实现全市迈向宜居宜业城市和国际化创新型城市的美好愿景[3]。

2.1.1 创新驱动引领经济转型发展

随着国家“一带一路”倡议实施、横琴自贸区高水平建设、港珠澳大桥即将通车以及粤港澳大湾区协同发展等历史性转折时机的到来，珠海经济社会发展增速换挡迎来了难得的发展机遇。

2016 年，为应对国际形势错综复杂、国内经济下行压力持续加大的局面，珠海主动适应经济发展新常态，以“五大发展理念”为引领，统筹产业、交通、城市和社会民生建设，加快全市经济产业升级转型，大力引进人才并创造劳动就业机会，盘活城市“宜业”环境，激发城市发展活力，构建创新型经济格局，推动经济社会大局稳定和持续健康发展。全市全年实现 GDP 总量 2226.37 亿元，人均生产总值超过 13 万元。同时，全市人口总量稳步上升，年末全市常住人口 167.53 万人，比 2015 年末增加 4.12 万人，增长 2.5%，人口结构仍处于劳动力比重较高的“人口红利”时期。

❶ 陈德宁，郑天祥，邓春英．粤港澳共建环珠江口“湾区”经济研究 [J]. 经济地理，2010，30（10）：1589-1594.

❷ 胡兆量．珠三角港澳化及湾区中心化——关于大珠三角地区发展的几点思考 [J]. 城市问题，2009（9）：2-4.

❸ 珠海市人民政府．珠海市“十三五”近期建设规划 [R]. 2016.

从珠海近十年经济总量发展趋势来看（见图 2-1），全市 GDP 总量逐年递增，2011—2016 年期间增速虽小幅回落，但仍保持年均增速 9.4%，挺进广东省前列，且人均 GDP 始终位于全省乃至全国前列，经济发展势头良好。

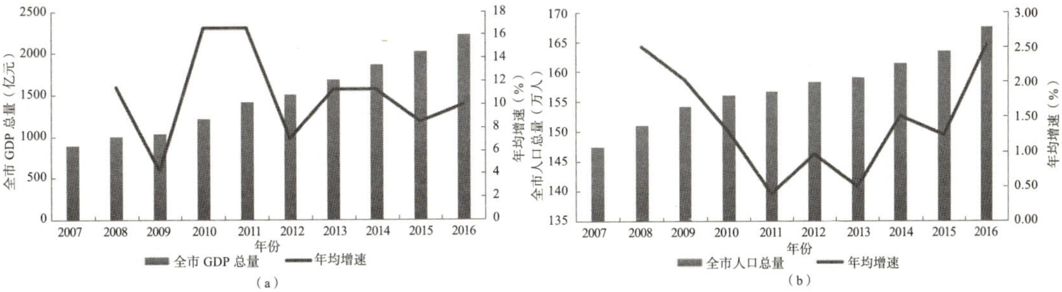

图 2-1　珠海 2007—2016 年 GDP 总量及人口总量变化趋势

（a）GDP 总量变化趋势；（b）人口总量变化趋势

与经济发展相适应，全市贯彻落实中央经济工作会议、中央城市工作会议精神，明确以产业发展为抓手，以产业转型升级为导向，振兴实体经济，全力构建更具竞争力的现代产业体系，推动产业迈向中高端水平。在"珠江西岸先进装备制造产业带"建设目标的指引下，推动高栏港国家新型工业化产业示范基地建设，统筹横琴自贸试验区、自主创新示范区和西部生态新区建设，为城市发展夯实硬件环境。数据显示，"十三五"开局之年，全市工业增加值首次突破千亿元，装备制造业成为工业增长的新动力，先进制造业占工业的比重从 44% 提升到 50.4%，占据半壁江山。高新技术产品产值占规模以上工业总产值的比重达 54.7%，占比居广东省第三[1]。

城无产不兴，产无城不立。可以说，珠海已逐步进入以产业创新驱动带动经济发展升级转型的快车道。首先，全市明确以打造珠江西岸区域创新中心为目标，深入实施创新驱动发展战略，加快建设国家自主创新示范区，优化创新驱动大环境。其次，激发企业、产业园区等创新主体作用，紧密连接科技创新与城市经济发展，制定出台鼓励企业自主创新的办法与规定，在高企培育、科技研发、技术改造、人才引进、金融支持、新业态新模式等领域提供政策供给与资源供给，引导整合创新资源及要素，带动城市内部创新创业可持续互动，激发全市经济发展新活力[2]。

2.1.2　生态城市迈向深绿时代

得天独厚的自然环境为珠海城市发展提供了绝好的条件，在多年践行的生态环保城市战略下，珠海成功塑造了"水在城中、楼在绿中、城在园中、人在景中、诗意栖居"的城市风

❶ 珠海市人民政府．珠海市"十三五"近期建设规划 [R].2016.

❷ 李文军．经济新常态下加快产业转型升级的路径 [J]. 经济纵横，2015（8）：73-77.

貌，在生态城市建设领域取得了卓越成就——被联合国授予"国际改善人居环境最佳范例奖"，获得"国家园林城市""国家环保模范城市""国家生态市""国家生态园林城市""国家海绵城市试点城市""国家森林城市"等众多荣誉称号。

2016 年，珠海市政府提出"巩固提升珠海生态优势，加快创建全国首批生态文明示范市"的发展战略，持续深化"生态立市"发展目标，在各领域积极推进相关工作，生态城市建设不断向多领域纵深发展，成效显著。组织编制完成全市海绵城市专项规划，于 2016 年年底顺利开放全市首个海绵公园。在全市范围内加快治理突出环境问题，全面推进水污染防治工作，整治农村生态环境，部署高标准的环保基础设施。珠海 2016 年再度获"全国首批生态园林城市""中国生态文明奖"先进集体、"国家森林城市"等称号，为生态绿色城市发展添砖加瓦。一系列漂亮的数据与成就表明，珠海多年的绿色储蓄依然活力不减，生态文明建设实践领跑全国。

珠海多年坚守的自然环境保护理念，不断丰富深化并渗透到城市建设的各个方面。2016 年，珠海市全力推进美丽珠海"彩色飘带""公园之城"行动计划，截至 10 月完成 139 处工程绿化美化；全市新建建筑节能标准执行率达到 100%，全市累计共有 57 个项目获得国家或省市绿色建筑评价标识，总建筑面积约 570 万平方米；累计 42 个可再生能源应用示范项目获得市级财政资金补贴，其中建成国家级建筑光电应用示范项目 12 个，在广东省专项统计中位列第一；积极寻求国际高端科技资源助力全市生态环保工作全面开展，在城市绿色交通、绿色建筑、海绵城市建设示范等方面均有明显成效。

可以说，在多年秉行的"自然生态城市"理念基础上，珠海更进一步地锻造出"健康绿色生活"理念并付诸实践，以多样化的科技手段继续深化打造资源节约型、环境友好型城市，以自然生态保护、宜居环境建设、产业创新发展作为城市可持续发展的重心所在，持续推进生态文明建设，实现真正意义上的"生态之城"[1]。

2.1.3 城市交通提速升级，助力珠江西岸核心城市建设

按照《珠海"十三五"交通规划》的要求，珠海交通工作坚持"以人为本、公交优先、绿色交通"的理念，努力建成人本、低碳、智慧、高效的综合交通运输体系。

在城市快速扩张的过程中，珠海市内部交通面临重大的挑战。截至 2016 年底，珠海市机动车保有量达 54.8 万辆，同比增长了 20.2%，机动车保有量快速增长成为城市拥堵的重要因素。为应对这一现状，全市开展了全面治堵措施：启动中心城区综合治理专项工作，2016 年底完成了 50% 以上的治理工作，实现了在机动车保有量持续增长的情况下，中心城区交通拥堵没有明显加剧的阶段性目标；启动道路优化改造工程，深挖现有路网的通行潜力，突破路网瓶颈；全面对接公共交通体系，实现公交线路在全市范围内的基本覆盖。在东西部城区交通瓶颈应对方面，珠海市积极推进香海大桥、洪鹤大桥、鹤洲至高栏港高速公路以及

[1] 仇保兴．"共生"理念与生态城市 [J]. 城市规划，2013，37（9）：9-16+50.

金海公路大桥等项目建设，不断加强珠海市东西部之间的通道建设，有效解决珠海市主城区与西部中心城区交通瓶颈问题。

珠海、中山、江门毗邻，相互联系日渐密切，为推进珠中江城市圈对接合作，珠海2016年先后完成多项跨市道路衔接工程，包括翠微西路与中山坦洲宝珠南路衔接工程、人民西路与中山坦洲环洲东南路衔接工程等，极大地改善了往返两地居民的生活便利度。位于中心城区的金琴快线和兴业路快速通道工程也在加快推进当中。在更广范围内，珠海高铁线路已可直达全国9省，形成了面向全国重要城市的铁路交通网，正在积极筹建中的珠机城轨、深珠城轨、广佛江珠城轨将为珠海打造“珠江西岸核心城市”发挥重要作用。

更要关注的是，继全市内部交通脉络日渐顺畅、对外交通体系逐步接轨全国后，全市又将迎来新一轮的交通发展大变革——港珠澳大桥通车在即，将珠海迅速提升为珠三角重要节点城市和核心城市[1]。一方面，港珠澳大桥将深刻改变粤港澳大湾区各城市的交通格局，将大湾区内部的港口、机场、城际轨道、高速公路等贯通连接成为巨大的立体化交通体系[2]；另一方面，港珠澳大桥通车后将促进珠三角东西岸合作交流，实现两岸资源在更大范围内的快速流动，为人口、科技、资金等生产要素向西岸集聚提供基础。未来珠海有望利用这一发展机遇，积极对接先进城市发展资源，提升开放引领、创新驱动发展的水平，发挥横琴自贸区的重要引领作用，创新体制改革、金融服务改革，营造良好的国际化营商氛围，扭转全市在粤港澳大湾区城市群乃至全国各大城市中的地位，将珠海打造为粤港澳大湾区创新高地、“一带一路”建设的战略支点、珠江西岸核心城市，城乡共美的幸福之城[3]。

2.1.4 提升城市活力，“点亮”人文之灯

文明、活力的城市建设，在于满足人们的精神需求，丰富城市人文魅力。近年来，珠海在城市文化氛围营造、传统文化资源创新改造、民生保障、环境改善等方面也取得了不俗的成效。

首先，在全市范围内大力筹建地标式文化艺术场馆、市民艺术中心、基层文化站，为居民提供了更为丰富的文化艺术体验和服务。积极鼓励民间艺术展演活动，以地域特色文化为依托，采用生动的展演形式让珠海本土文化和省内外特色文化联袂精彩呈现，拓展了特色文化对外交流的深度与广度，彰显了城市文化的魅力与气质。

其次，作为一个充满浪漫艺术气质的海滨城市，珠海积极以多元化的国际文化体育活动为载体，积极推动“旅游休闲示范城市”建设，不断提升旅游国际化水平，推动“景点旅游”向“全域旅游”转变。持续深化中国国际航空航天博览会、中国国际马戏节等国家级城市品牌活动的吸引力与影响力，实现城市旅游知名度不断攀升，向全国乃至世界展示珠海文化活力。

---

❶ 卢扬帆，郑方辉．区域一体化视域下城市综合基础设施发展水平评价——基于珠三角9市的实证分析[J]. 城市问题，2014（10）：2-9.

❷ 任思儒，李郇，陈婷婷．改革开放以来粤港澳经济关系的回顾与展望[J]. 国际城市规划，2017，32（3）：21-27.

❸ 邵源，李贵才，宋家骅等．大珠三角构建优质生活圈的“优质交通系统”发展策略[J]. 城市规划学刊，2010（4）：22-27.

改善人民群众的物质生活环境，建立健全惠民利民的民生保障体系，也是凸显城市人文环境的重要方面。2016 年，珠海市政府深入推进民生事业，在原有广泛覆盖的民生保障体系上集中力量解决民众反馈的突出问题，放宽人才落户政策，医保待遇均等化，积极推进各区“十大民生实事”进度，加快推动基层公共服务体系建设，提升西部地区农村道路，推进民生水利工程实施等，以民生事业为抓手，提升城市建设工作，迅速提升了居民的幸福感和安全感。

2.2 各区建设亮点

CONSTRUCTION HIGHLIGHTS OF DIFFERENT DISTRICTS

珠海市域范围划分为香洲区、金湾区、斗门区 3 个行政区和横琴新区、珠海国家高新技术产业开发区、高栏港经济技术开发区、万山海洋开发试验区以及保税区 5 个功能区[1]。在城市大发展、大建设的背景下，珠海市域内各行政区（功能区）纷纷根据其在城市发展中的职能定位与发展战略，积极推进城市建设重大项目工程，在保持各自城市建设优势的同时，补齐短板，着力提升珠海城市发展的综合水平。

2.2.1 香洲区：安居乐业魅力中心

香洲区是珠海的主城区，是全市政治、经济、文化、交通和金融中心，土地面积 550.84km^2，下辖狮山、湾仔、拱北、吉大、香湾、梅华、前山、翠香 8 个街道办事处和南屏镇，共 126 个社区居委会（图 2-2）。2016 年，香洲区主要从整治升级市容市貌、推进多项民生实事、打造绿色交通体系、聚才引智创新驱动方面推动城区建设。

图 2-2 珠海香洲区风貌

[1] 珠海保税区因实行封闭管理，主要承担保税加工、保税物流、国际贸易等功能，暂不纳入本报告研究范围。

2.2.1.1 市容市貌整治升级，生态环境优化提升

近年来，香洲区不断推进和改善城市综合管理、城市绿地建设、市政设施、城市人居环境等方面的工作。一方面，持续改善城市硬件设施，提升城市管理能力，整治城市主干道、背街小巷等重点区域。稳步推进社区体育公园建设和升级工作，高标准、高质量地建成和完善集绿化与体育健身于一体的新型公园。开展全区老旧小区改造工程，扎实推进新一轮旧村改造工作。另一方面，推动重点项目生态治理进度，完成情侣路沿线沙滩修复工程和海滨泳场改造提升。推进前山河综合整治，完成南沙湾等 15 条旧村截污纳管工作。开展生态修复工作，加快生态景观林带和林荫道路建设，完成 4800 余亩中幼林抚育工程。2016 年，香洲区进一步营造良好的城市环境，提升城市生活品质和整体形象。

2.2.1.2 民生实事顺利推进，社会服务持续提升

香洲区始终把居民美好生活向往作为奋斗目标，注重在决策中体现民意，在发展中改善民生。2016 年，香洲区十项民生实事顺利推进，全年民生支出达 38.3 亿元，占公共财政预算支出的 77.1%。其中包括积极完善教育服务设施，推进公立学校改扩建工程，教育体系扩容扩量，推动教育均衡优质发展。落实全区“十分钟文体圈”打造，包括落成狮山市民艺术中心、珠海大剧院等，丰富人民群众的文化体育生活。香洲区“五社联动”社区创新治理方案荣获“2016 全国创新社会治理优秀案例奖”，充分肯定了其为改善全区民生服务工作而做出的努力，同时也为全市改善人民生活、提高群众生活满意度做出了表率。

2.2.1.3 综合施策系统治堵，绿色交通全面推进

香洲区将道路交通基础设施建设作为全区重点打造的民生项目，全年完成多项道路改造工程。一方面，通过综合施策系统治理交通拥堵，建成香海大桥、兴业快速路等一批骨干路网。加密主城区快速通道，持续推进人行道改造及过街设施完善项目，完成莲花山路等 8 条断头路建设，群众出行条件日益便利。另一方面，《南湾地区绿色交通规划》的出台将充分发挥交通规划的引领作用，以“绿色交通、健康交通、智慧交通、枢纽交通”为总体目标，力争建成以大运量公共交通为导向的现代化立体绿色交通体系，构建高效畅达的对外交通体系和绿色宜人的内部交通体系。

2.2.1.4 创新驱动引领发展，聚才引智初具规模

作为珠海的主城区，香洲区经济总量一直占据全市半壁江山。2016 年，全区主动适应和引领经济发展新常态，高新技术企业自主创新能力不断提升，创新创业载体蓬勃发展，为全区加快构建以企业为主体、市场为导向、产学研相结合的创新创业生态体系打下了坚实基础。香洲区践行“打造专业化平台聚集人气”“吸引高端人才提升含金量”等理念，出台推动企业自主创新鼓励办法，全区高新技术企业总量累计达 284 家，占全市高新技术企业总量的 36%，在珠海各区中居首位。全区践行“聚才引智”方针，精心策划了 10 场“香山人才”

系列活动，打造香洲人才品牌。为更好地帮助人才落户，制定了高端产业人才和留学归国人员等各类人才扶持政策，全力保障引进人才在教育、医疗、住房等多方面的权益，吸引了一批优秀人才到香洲创新创业。

2.2.2 横琴新区：粤港澳合作前沿平台

横琴新区总面积 106.46 平方公里，与澳门三岛隔河相望、一桥相连，处于“一国两制”的交汇点和“内外辐射”的结合部，是我国“一国两制”政策下探索“粤港澳”合作新模式的示范区和广东自由贸易试验区之一（图 2-3）。2016 年，横琴新区在生态文明建设、营商环境改革创新方面取得了显著成就。

图 2-3 珠海横琴新区风貌

2.2.2.1 生态绿岛特色彰显，绿色低碳先试先行

“建设资源节约、环境友好型生态岛”是横琴新区设立之初就秉承的发展理念。在实践过程中，横琴新区始终坚持低碳生态发展理念，致力于构建人与自然和谐共生的城市空间，全面展现“生态绿岛”的城市风貌。2016 年，横琴新区紧抓国家生态城市建设机遇，全力建设“生态岛、活力岛”，使活力横琴和生态绿岛相得益彰，依托优良的生态环境基底，先试先行打造国际一流的休闲旅游岛。

横琴新区在低碳生态领域建树丰硕并得到了广泛关注——入选首批国家级低碳城（镇）试点地区，获得“2016 中欧绿色和智慧城市产业推广奖”。借助珠海成为首批“国家全域旅游示范区”城市契机，横琴新区展开以主题公园、海洋休闲、温泉养生、会展赛事和生态乡村为主打的旅游产品供给，积极建设“国际休闲旅游岛”，与澳门形成网络互联、信息互通、客源互享的粤澳联动旅游休闲生态圈。经过持续不断的努力，横琴新区走出了一条绿色生态、低碳集约的可持续发展之路，已成为珠海优良生态环境打造和优质城市质量建设的先锋。

2.2.2.2 打造国际化营商环境，构筑对外开放新格局

自2015年3月被纳入广东自贸区范围以来，横琴新区以"践行开放理念，推进制度创新，打造与国际接轨的营商环境"为总体目标，借助优越的地理位置、利好的政策环境，在制度创新、商事制度改革、金融服务等方面取得了一系列创新成果，形成了较强的经济集聚效应和开放高地效应。

据统计，横琴自贸区自挂牌以来，实际落地152项改革创新成果。2016年，横琴新区不断加快区域创新步伐，首创"纳税便利化指数"，定期与指数中的先进国家和地区的相关服务对比。全方位打造"互联网+智慧税务局"，简化税务行政审批流程。启动社会投资类工程管理创新试点，全过程办事手续压缩40%以上。探索实施"证照分离"试点改革。多项改革深化推广，标志着横琴新区创新发展已走在全国前列，清华大学评估报告对横琴自贸区改革创新予以高度评价，认为横琴自贸区的营商环境已经达到国际先进水平。

横琴新区不断深化港澳合作，做强产业载体，出台一系列对澳支持措施和专项政策，助力港澳企业在横琴的发展，促进澳门经济适度多元发展取得新成效。据统计，2016年，横琴新区港澳企业数量达到1259家，涉澳合作中医药科技产业园、横琴澳门青年创业谷等平台发展势头良好。

2.2.2.3 创新驱动助力自贸区建设，高端产业要素集聚迅猛

2016年，横琴新区全面落实"双自联动"战略，加快人才、技术、资金等创新要素的有效积聚，推进自贸试验区与自主创新示范区优势互动，推动旅游休闲健康、商务金融服务、文化科教和高新技术等高端重点产业快速发展，形成了链条功能完善的现代服务业生态圈。注册市场主体达到27666家，企业注册资本总额14223亿元。世界500强企业在横琴投资项目97家，国内500强企业在横琴投资项目120家，85个重点项目总投资超过3400亿元。

总部经济成为横琴新区产业发展的"加速器"，各类海内外总部近1000家。商务金融产业迅猛发展，横琴金融企业已达3716家，注册资本5415亿元。高新技术产业快速成长，培育国家高新技术企业26家，引进大量创新平台类项目。休闲旅游规模持续壮大，成功举办了环中国国际公路自行车赛、中国横琴WDC标准舞/拉丁舞国际邀请赛、WTA国际女子网球精英赛和中国国际马戏节等大型国际赛事。

2.2.3 珠海国家高新技术产业开发区：高科技创新宜居湾区

珠海国家高新技术产业开发区（简称"高新区"）位于珠海北部，京珠高速公路的起点，是出入珠海的主要门户，也是我国国家自主创新示范区（图2-4）。2016年，高新区在深化基层医改、推进历史文化保护、培育高新企业等方面工作成效较为突出。

图 2-4 珠海高新区风貌

2.2.3.1 深化基层医改，增强人居幸福感

高新区致力于建设以“生态、智慧、多元”为特色的滨海新城，打造珠江口西岸幸福湾区。高新区主园区所在的唐家湾镇获评“广东省文明镇”“中国历史文化名镇”“全国环境优美镇”“广东省生态示范镇”，围绕“创新海湾、宜居唐家”的目标，不断提升生态环境质量，优化城市服务功能。

2016 年，高新区常住人口在辖区内医疗机构的就诊率提升至 83.1%，社区服务机构体系建设工作成效明显，实现了基层医疗能力和群众幸福感的提升。高新区首创推行医疗环境、药物、设备、信息化、队伍和政策“六位一体”的基层医改模式，为落实基层首诊、推进分级诊疗发挥了积极作用。此外，高新区创新开发了高新健康网、智慧诊断系统等五大信息平台，形成了全方位的“互联网 + 社区健康管理”信息系统，其中，“社区 580”家庭医生服务平台在 2017 年全国基层卫生信息化应用创新大赛中获得一等奖。

2.2.3.2 加强文化遗产保护，彰显城市人文底蕴

唐家湾作为珠海市重要的生态人文区域和历史文化遗产地，拥有大量的名人故居和古建筑群，是我国首个以近代历史遗迹申报成功的历史文化名镇。为实现对以唐家古镇、会同、淇澳等历史聚落为核心的历史文化遗产及环境的有效保护与永续利用，高新区在历史文化遗产保护工作中不断加大投入。2016 年，编制了《珠海市唐家湾镇历史文化名镇保护规划》，完成了对唐家三庙、那洲古氏宗祠等 18 处重要古建筑的保护修缮工作，建成了唐家湾民俗馆和八座村史馆并对公众免费开放。开展了“解读名镇历史印记，构建珠海文化符号”系列主题活动。

2.2.3.3 重点培育高新企业，宜业城区系统再升级

作为珠三角国家自主创新示范区的重要组成部分和珠海实施创新驱动发展战略的主阵地，高新区始终坚持把创新驱动发展作为核心战略，加快推动经济社会发展由要素驱动、投资驱动向创新驱动的根本转变，以高新技术企业培育为创新驱动发展的核心指标，在创新创业载体建设、科技金融、高层次人才培育等工作中取得了良好成效。

2016 年，高新区制定出台了一系列高新技术企业利好发展政策，包括修订印发《鼓励

申报高新技术企业暂行规定》、出台《促进知识产权工作暂行规定》，提升企业自主创新能力，细化并落地“广东创新 12 条”，大力拓展孵化器载体，提升科技型企业孵化能力，在广东省内率先提出新增“新型产业用地”，创新孵化器开发建设模式。截至 2016 年底，全年新增 89 家高新技术企业，共拥有高新技术企业 155 家，基本实现了在重点产业领域的全覆盖。

2.2.4 高栏港经济技术开发区：临港经济创新高地

高栏港经济技术开发区（简称“高栏港区”）位于珠海市西南端，总面积 380 平方公里，是依托华南沿海主枢纽港高栏港而设立的经济功能区，也是珠江口西岸首个国家级经济技术开发区（图 2-5）。2016 年，高栏港区在现代化港口建设和临港产业发展方面取得了突出成效。

图 2-5 珠海高栏港区风貌

2.2.4.1 现代港口规模壮大，智能港口服务升级

作为珠海临港经济示范区，高栏港区坚持“以港促产，以产兴城，港产城一体化发展”的工作思路，按照国际化标准管理营运港口，加快数字化港口建设，2016 年把港口建设摆在更突出的位置，港口转型升级建设提速。

港口升级改造工程为高栏港区进军现代化区域港口物流中心奠定了扎实基础，同时也为全市现代服务业升级转型增添了新的动力。2016 年初，高栏港 15 万吨级主航道工程顺利交工验收，建成了珠江口西岸规模等级最高的航道，大幅改善了港口集疏运体系，跻身广东对接“一带一路”建设的首选出海枢纽。高栏港“智慧港口”建设也获得越来越多的认可。如远洋货轮“WELHERO”号发来进境申报后，船舶进境手续和货物的报关手续迅速通过。先歌游艇制造的顶尖级游艇“Serenity”号仅用时 1 分钟就办完了全部的通关手续。高栏港区通过智能化物流平台建设，迅速提升港口了物流产业附加值，对打造区域综合服务型强港具有关键作用。

2.2.4.2 临港产业加速行军，海洋工程稳步提升

为进一步完善现代临港产业体系，高栏港区充分发挥重大项目的龙头带动作用，全力推动产业集群化发展。自 2012 年 3 月获批成为国家级经济技术开发区以来，高栏港区立足区域资源禀赋，瞄准世界产业发展前沿，抢抓国家实施南海油气资源开发战略的重大机遇，初步形成了海洋工程、交通工程、航空工程“海陆空”装备和智能制造的“3+1”临港产业集群。

2016 年，高栏海工等先进装备龙头企业在市场、技术、产品等领域取得了新的发展，一批重点项目落户、开工、投产，产业发展取得新成效，部分产品和技术在国内外处于领先地位。2016 年 7 月，高栏港区荣获“国家新型工业化产业示范基地（海洋工程装备）”称号，标志着高栏海工装备产业发展水平跻身全国前列，有力支撑了高栏珠江西岸先进装备制造产业带的快速发展。高栏港区在创新平台建设上也取得了新的突破，国家船舶及海洋工程装备材料质量监督检验中心正式成立，填补了全国相关产业检测的空白。

2.2.5 金湾区：珠海西部创新服务中心

金湾区位于珠海西南部，辖三灶、红旗 2 个镇，主要承担科研、商贸等生产性服务功能和教育、医疗等生活配套服务功能，重点发展为双港配套尤其是为航空产业园配套的商贸物流等服务业（图 2-6）。

图 2-6 珠海金湾区风貌

2016 年，金湾区大力推进基层基础设施建设，从十大公共服务项目入手，推进落实金海岸文化艺术中心、金山公园、“四馆合一”等大型项目。金湾区不断创新基层治理方式，谋划发展三大战略性新兴产业，坚持以城市建设新理念全面引导西部生态新城金湾片区的开

发建设，社会治理成效显著，教育均等发展、创新创业条件大幅提升，被评为全国社会治理创新优秀地区。

2.2.5.1 基础教育水平优质提升，均等服务增进民生福祉

建立健全基层公共服务体系是金湾区近些年的工作重点，重点依托西部中心城区建设，加速补齐民生事业短板，完善城市功能。在基层教育领域，金湾区持续巩固"国家义务教育发展基本均衡区""广东省推进教育现代化先进区"创建成果，平稳推进基层教育均等性建设，逐步形成了以省级示范性高中为龙头的城乡一体公共教育服务体系。

2016年，金湾区整合城乡教育资源，完成一批镇中心幼儿园建设，启动金湾一中、航空新城小学等建设项目，计划改扩建一批基层学校，以期在未来新增多个优质学位，缓解基层教育资源紧缺问题，提升全区教育环境。2016年4月出台的《珠海市金湾区基本公共服务均等化综合改革实施方案（2016—2018年）》详细部署了全区教育服务均等化发展的工作行动，以打造珠海西部教育高地为目标，通过建立小学教育联盟、幼儿园教育联盟等，协调全市东西部基本公共服务欠均衡发展现状，提高优质教育资源覆盖面，实现教育发展成果惠及全民，提升居民生活幸福感，推进金湾区更好更快地发展。

2.2.5.2 创新创业良性互动，助力西部中心城区建设

金湾区以西部中心城区开发建设为契机，坚持以创新驱动作为核心战略，整合创新资源和要素，致力于建设集政产学研资于一体的创新联盟。随着《金湾区产业创新驱动发展三年行动计划》和《金湾区加快推进科技创新驱动若干政策措施》等文件的出台，金湾区更加明确了产业创新驱动发展的八个倍增目标，促进全区创新型企业较快发展。

2016年，金湾区从政策引导、发挥高校资源优势等五个方面力促创新驱动工作。截至2016年年末，规模以上企业198家，其中高新技术企业65家，培育入库企业26家，占规模以上工业企业的比重达45.9%。2016年9月，珠江西岸首个智能制造科创基地——金湾·智造大街落成运营，定位为"互联网+智能制造+金融"的智能制造领域孵化平台，占领智造领域制高点。

金湾区在科技创新领域最大限度地整合区域内的信息资源、政策资源、商务资源，释放全区创新活力，为创新创业提供不竭的发展动力，最终实现创新支持创业、创业带动创新的良性互动局面，助力推动珠海经济结构转型发展，全力打造西部中心城区。

2.2.6 斗门区：城市后花园

斗门区地处珠海、中山、江门三市交汇处，全区面积674.8平方公里，是重要的农产品保障基地和区域生态屏障，承担着珠海西北部地区生活服务配套功能和粤港澳合作高端产业承接平台功能，重点发展（产业为）生态农业和休闲旅游业（图2-7）。2016年，斗门区在优化人居环境、智慧旅游发展以及产城融合方面取得了明显成效。

图 2-7　珠海斗门区风貌

2.2.6.1　改善人居环境，提升宜居品质

2016 年初，斗门区出台了首个统筹全区的总体规划《珠海市斗门区战略性总体规划（2015—2030 年）》，为推进珠海西部地区开发建设、发展生态旅游产业提供了指引，也为斗门区大力打造滨江田园生态新城提供了重要支持。

为优化城市环境，推进生态建设，进一步提升群众生活质量和幸福指数，斗门区通过推进“三年绿化美化行动计划（2013—2015 年）”，使城区绿化量大幅增加，全区面貌焕然一新。2016 年，尖峰山森林公园提升改善工程完工，黄杨河“一河两岸”、白藤、白蕉、尖峰南三组团规划建设提速，新城格局进一步拉开。斗门区实施的森林进城围城、乡村绿化美化等工程，加快了碳汇林、生态景观林带建设，形成了“绿色银行”。陆续开工建设的井岸水浸街整治、中兴路提升改造、井岸大桥维修加固、珠峰大道建设，乡村道路硬化等工程，使斗门区道路配套设施和公共服务功能得到很大提升。

2.2.6.2　丰富旅游产品体系，以人为本推进智慧城市建设

依托丰富的旅游资源，斗门区以打造粤港澳休闲旅游目的地为目标，通过举办系列乡村旅游节庆活动，已逐渐形成极具特色的旅游品牌体系。其中十里莲江、竹洲水乡水利风景区、逸丰生态养生园、岭南大地等项目建设进一步丰富了珠海的旅游产品，为全市旅游产业发展贡献了重要力量。

2016 年初，斗门区出台了《珠海市斗门区旅游发展总体规划（2015—2030）》，提出将斗门区打造成为“粤港澳国际都会双栖生活理想休憩地”。在各项政策利好和资源禀赋条件下，斗门区在深入挖掘城市历史和内涵的基础上，率先投入智慧旅游建设，创新性地开展了斗门旅游品牌形象提升工作，满足大众旅游及全域旅游时代对斗门旅游品牌形象的新要求。2016 年下半年，斗门区对 WiFi 热点的覆盖范围及接入能力进行了系统化提升，优化网络访问质量和服务。手机 APP、微信公众号、数据大平台等智慧旅游系列产品的构建斗门旅游创新发展提供新支撑，集中更多资源高效服务游客，使旅游资源通过资本化、产业体系化、项目运营化不断盘活。

2.2.6.3 新农村建设亮点纷呈，产城融合有序推进

作为珠海新农村建设与乡村振兴的主战场，斗门区把农村地区发展作为当前乃至今后的一项重大战略进行部署，坚持统筹谋划、上下联动、以点带面，发挥示范带动作用，促使各项工作扎实稳步推进。

2016 年，斗门区将新农村建设作为城乡统筹发展的重要抓手，进一步将城市的产业项目、基础设施和公共服务延伸到农村，实现城乡协调发展。全年新增市级生态村 6 个，新型农村产业项目 13 个，市级示范片区 3 个。在产城融信发展方面，出台了《珠海市富山工业园产城融合五年行动计划（2016—2020 年）》，把富山工业园定位为“国内领先的产城融合示范高地、西部地区崛起的战略节点和宜居宜业绿色的生态智城”，通过加快建设富山产业新城基础设施项目，实现富山产业新城的跨越式发展与产城融合水平不断提升。

2.2.7 万山海洋开发试验区：绿色明珠，度假胜地

万山海洋开发试验区（简称“万山区”）地处珠江入海口，东邻香港，西接澳门，所辖海岛陆地面积 80 多平方公里，海域面积 3200 平方公里，是珠江三角洲乃至华南腹地出入南海，通向世界的咽喉要道（图 2-8）。万山区拥有十分独特、优良的海洋海岛资源，在生态保护、海岛旅游开发、城镇建设、海洋产业发展等方面进展良好，成效明显。

图 2-8　珠海万山区风貌

2.2.7.1 践行生态绿岛建设理念，优化海岛人居环境

作为中国首个地方性海洋综合开发试验区，万山区始终坚持“绿水青山就是金山银山”的理念，守住蓝色海域底线，建设国家级海洋生态文明示范区。

长期以来，绿色环保理念贯穿全区各项工作中，为优化海岛人居环境提供了不竭动力。首创生活垃圾离岛无害化处理模式，强化了海洋生态保育，防止海洋生态环境破坏。建设海洋牧场，促进海洋渔业资源的可持续利用。建立“绿色图章”审批制度，严控生态环境保护要求提升海岛景观品质。发起“美丽海岛”“洁净海岛”“明厨亮灶”等活动，持续调动居民保护海洋环境的主动性。在经济社会发展进程中，万山区高度重视生态建设和环境保护，大力改善生态环境，培育海洋生态文明，各项生态文明考核指标都走在全市前列，实现了“渔民富，生态美”的有机统一。

2.2.7.2 积极利用海洋资源，高端海岛旅游特色凸显

随着海洋经济发展提升到国家战略层面，广东省展开以“加强海岛保护”为核心的海洋工作，在积极推进海岛开发利用、加强海洋权益宣传方面均取得了良好成效。作为广东省滨海旅游大市，珠海市万山区首当其冲，依托604公里海岸线、146个岛屿的丰富海洋资源，审时度势地提出“充分挖掘地方海岛特色资源、打造世界级海洋旅游度假胜地”的建设目标。

万山区海岛旅游工作成效有目共睹。2016年，万山区在积极有效推进旅游资源整合的同时，全面升级立体交通发展，顺利实现了海岛水上飞机通航愿景，将原本两小时的船程缩减到二十分钟以内，大大满足了岛内外群众的出行需求。圆满举办了万山群岛婚纱旅拍、海鲜美食节、飞螺音乐节、妈祖诞等特色活动，增强海岛旅游吸引力。一系列高端酒店稳步运营，提升了海岛旅游品质。诸多卓有成效的活动为万山海岛休闲旅游和旅游经济的发展增添了助推力，凸显出万山特色海岛经济与旅游在全市乃至珠三角区域的影响力。

URBAN RESEARCH FRAMEWORK AND EVALUATION METHODOLOGY OF ZHUHAI

3 珠海城市研究框架与评价方法

3.1 珠海城市发展水平研究框架

THE RESEARCH FRAMEWORK OF ZHUHAI DEVELOPMENT LEVEL

3.1.1 解读珠海城市发展目标

古往今来，人类的理想就是寻找并建立一个适宜自己居住、生活的地方。美国著名规划学家刘易斯·芒福德在《城市发展史》中写到，人类的城市梦进行了五千多年，只要人类存在，都有城市梦。古希腊哲学家亚里士多德亦指出，人们愿意住到城市中来是因为城市的生活更美好[1]。2016 年 10 月 17—20 日，世界各个国家、政府的首脑、部长以及高级代表相聚于“人居三”会议上，通过《新城市议程》描述了新的城市愿景是“全人类的永续城市和住区”，强调提高所有人的生活质量，促进繁荣[2]。

珠海，作为我国东南沿海地区的一座生态绿洲，自 1979 年建市以来曾先后 8 次调整城市功能布局，但历届市委、市政府都坚持将生态保护和环境建设理念融城市规划建设管理的各项工作中，始终保持着强大的生态定力，形成了“水在城中、城在园中、楼在绿中、人在景中、诗意栖居”的城市风貌。在 2014—2016 年期间，珠海连续三年位居“中国宜居城市竞争力十强”榜首，荣获了“国家园林城市”“国家生态市”“国家生态园林城市”“国家环保模范城市”“国家森林城市”“中欧低碳生态城市合作项目综合试点城市”“国家首批城市设计试点”“国家第二批海绵城市试点”“国家全域旅游示范区”等荣誉。

2016 年 10 月 25 日，珠海市委、市政府组织召开全市城市工作会议，会上明确提出“到 2030 年，全面建成产业创新引领、全域协调发展、生态安全永续、功能国际接轨、社会包容共享的现代化宜居宜业城市”[3]。2016 年底，珠海第八次党代会上提出，珠海今后五年要突出产业、交通、城市三大重点，努力在改革开放、对外合作、产业发展和城市建设等重点领域实现新突破，建设成为粤港澳大湾区创新高地、“一带一路”倡议支点、珠江西岸核心城市以及城乡共美的幸福之城[4]，标志着珠海城市建设由“崇尚生态优先”迈入“产业、交通、城市大发展”的现代化宜居宜业城市建设新阶段。

为了更加系统、全面地细化研究珠海城市发展目标，在充分研究新加坡、温哥华、巴塞罗那、哥本哈根、鹿特丹、深圳等国内外先进城市共性的基础上，参考联合国人居署、英国经济学人智库、美国美世咨询公司、新加坡亚洲竞争力研究所、中国城市竞争力研究会等国

---

[1] 仇保兴 . 理解城市工作的“一尊重、五统筹”[J]. 城市发展研究，2016，23（1）：1-3.

[2] The New Urban Agenda：Quito Declaration on Sustainable Cities and Human Settlements for All[R]. Quito：The United Nations Conference on Housing and Sustainable Urban Development，2016.

[3] 中共珠海市委，珠海市人民政府 . 关于进一步加强城市规划建设管理工作的实施方案 [R]. 珠海：珠海城市工作会议，2016.

[4] 郭元强 . 以新发展理念为统领，抢抓机遇、担当使命、干在实处、走在前列，奋力开创珠海社会主义现代化建设新局面 [R]. 珠海：中国共产党珠海市第八次代表大会，2016.

内外主要权威机构关于城市发展的评价标准与方法，结合中央、广东省、珠海市对城市规划建设发展的战略要求以及珠海本身的城市特色，提出了珠海城市发展水平评价的总体目标为建设一个生态安全永续、空间紧凑宜人、出行绿色通畅、服务优质共享、社会平安和谐、经济低碳创新、人文国际多元的现代化宜居宜业生态城市（见图 3-1）。

图 3-1　珠海城市发展水平评价总体目标

未来的珠海，应在满足人们追求更美好生活的基础上实现城市的创新、开放、绿色、文明、活力。通过推进韧性海绵城市建设，恢复城市自然生态，优化城市发展空间，促进产业创新发展，提高城市设计和建筑设计水平，节约集约用地，加快重大交通基础设施建设，构建绿色建设体系，完善住房保障体系，健全公共服务设施，保护历史文化风貌，提升城市文化品牌，保障城市安全等一系列具体工作，最终使城市状态达到生产、生活和生态空间有机融合发展，既能够为所有居民提供优美、健康、安全、舒适、便利的生活环境，又能够为居民带来公平良好的个人发展机会、社会服务和收入增长。

基于珠海城市发展水平评价的总体目标，结合各领域目标的概念内涵、具体内容以及珠海实际情况，进一步提出了各领域发展目标的具体要求（见表 3-1）。

珠海各领域发展目标的具体要求　　表 3–1

领域目标	具体要求
生态安全永续	生态环境作为珠海城市永续发展的根本与基础，要维护空气、河流水系、森林等自然生态环境的安全，保障城市建设运行所需的物质材料、水资源、土地资源，为城市居民提供持续健康的生态服务
空间紧凑宜人	城市空间是珠海社会经济发展的空间基础，在城市建设过程中要贯彻集约用地精明增长的理念，打造疏密有致的开敞空间，构建望山见水的多元景观风貌，进行交通引导的中高密度混合开发，构建职住平衡、功能完善的城市组团
出行绿色通畅	交通是珠海高效运行发展的关键所在，要提高道路网建设的合理性，推进公交、自行车 + 步行的绿色交通模式，增强多元出行的衔接效率，实现交通的通达有序、安全舒适、低能耗、低污染
服务优质共享	服务是保障珠海城乡居民工作生活的基本需要，要建立和完善教育、医疗、养老等基本公共服务，实现智慧服务设施和信息化服务的全面覆盖与共享，提供优质公共服务体系和均等化的服务水平

续表

领域目标	具体要求
社会平安和谐	社会平安是珠海居民拥有高品质生活的保障，既要保持市民幸福平安、公众参与、志愿服务等，也要进行安全防灾、住房保障和社会保障等体系的积极建设，为人们提供安全安定、和谐多元、平等包容的社会环境
经济低碳创新	经济是珠海城市建设与发展的动力与基础，既要实现发展方式因地制宜、资源节约环境友好、经济创新动力充沛、民间活力充分培育挖掘、营商环境开放包容，同时要充分保障就业、具有就业创业吸引力、经济成果为全民共享
人文国际多元	人文是实现珠海城市个性和人性化的主要因素和重要基础，既要提升经济、文化、对外交流等方面的丰富性和开放度，又要实现自身文脉和地方传统文化的保护和延续，营造包容、丰富、独特的城市文化氛围

3.1.2 珠海城市发展评价指标体系

为全面、系统地评估珠海城市发展水平，本报告根据珠海城市发展蓝图，量身定制了一套适用珠海的可衡量、可考核、可实施的评价指标体系——《珠海城市发展评价指标体系》（简称《指标体系》）用于客观评价珠海各领域发展水平，以期对未来城市规划建设管理提供决策依据，引导城市健康可持续发展。

该《指标体系》参照国际通行指标体系结构框架，结合珠海城市规划建设管理实际需求，采用层次分明的三级体系设计——目标层、路径层、指标层，具体由 7 大领域、35 条实施路径和 70 个具体指标构成（见表 3-2）。其中 7 大领域为珠海城市发展的核心领域，与城市发展总体目标相对应；35 条实施路径为各领域的关键实施路径，是实现单领域目标的路线图；70 个具体指标则可具体表征各实施路径的绩效成果。《指标体系》充分参考国际国内通行标准和珠海各项工作现状，汇聚全国各方专家智慧结晶而成，一方面可对珠海城市发展水平进行全面、系统的纵向对比评估与分析，另一方面可实现珠海与国内外其他城市在部分指标上的横向对比。

珠海城市发展评价指标体系 **表 3-2**

编号	目标层	路径层	指标层	单位	适用范围
1	生态安全永续	自然环境优质宜人	公众对城市环境保护满意率	%	全市
2			PM2.5 年均浓度	$\mu g/m^3$	全市
3		生态用地严格保护	森林覆盖率	%	全市
4			生态保护用地占国土面积比例	%	全市
5		河湖水系自然洁净	水体岸线自然化率	%	全市
6			水功能区水质达标率	%	全市
7		废弃资源循环利用	生活垃圾资源化利用率	%	全市
8			再生水回用率	%	全市
9		城市建设绿色低碳	新建建筑中绿色建筑比例	%	全市
10			雨水径流总量控制率	%	中心城区
11	空间紧凑宜人	景观多元望山见水	步行 10 分钟可亲近自然的区域比例	%	中心城区、新区
12			城市景观风貌控制满意度	%	全市

续表

编号	目标层	路径层	指标层	单位	适用范围
13	空间紧凑宜人	街区尺度舒适宜人	平均街区长度	m	新区
14			人行道林荫路覆盖率	%	全市
15		开敞空间疏密有致	公园绿地服务半径覆盖率	%	全市
16			人均公园绿地面积	m^2/ 人	全市
17		集约用地精明增长	存量空间开发率	%	全市
18			单位建设用地地区生产总值	万元 / hm^2	全市
19		公交引导混合开发	TOD 模式周边开发率	-	全市
20			平均通勤时间	min	全市
21	出行绿色通畅	对外交通高速便捷	国际客运通航点	个	全市
22			1 小时通勤圈可达城市数量	个	全市
23		路网通达出行通畅	路网密度	km / km^2	中心城区、新区
24			工作日高峰时段公共交通平均车速	km/h	中心城区
25		公交优先低碳出行	公共交通占机动化出行比例	%	全市
26			清洁能源公交比例	%	全市
27		慢行系统互联互通	慢行交通线网密度	km / km^2	中心城区、新区
28			零碳出行率	%	全市
29		多元出行无缝对接	公交站点 300 米服务半径覆盖率	%	全市
30			公交站自行车租赁点衔接率	%	中心城区
31	服务优质共享	终身教育全面覆盖	十二年免费教育覆盖率	%	全市
32			从业人员继续教育年参与率	%	全市
33		医疗服务质优面广	每千人口执业（助理）医师数	人	全市
34			每万人口全科医生数	人	全市
35		文体设施便捷可达	十分钟公共文体服务圈覆盖率	%	全市
36			人均体育活动场地面积	m^2/ 人	全市
37		养老服务均衡覆盖	每百名老年人口拥有养老床位数	张	全市
38			居家和社区养老服务覆盖率	%	全市
39		智慧服务便民高效	公共场所免费无线网覆盖率	%	全市
40			社会事务服务事项网上办理率	%	全市
41	社会平安和谐	市民生活幸福平安	社会安全指数	指数	全市
42			居民幸福指数	指数	全市
43		安全应急体系健全	人均避难场所面积	m^2/ 人	全市
44			应急避难场所应急处置半径覆盖率	%	中心城区
45		社会保障全面覆盖	无障碍设施满意度	%	全市
46			“三险”综合覆盖率	%	全市
47		住房保障广泛覆盖	住房保障覆盖率	%	全市
48			住房价格收入比	比值	全市
49		公众参与志愿服务	政务环境满意度	%	全市
50			注册志愿者人数占比	%	全市

续表

编号	目标层	路径层	指标层	单位	适用范围
51	经济低碳创新	低碳发展绿色循环	非化石能源占一次能源消费比重	%	全市
52			单位 GDP 能耗	t 标准煤 / 万元	全市
53		区域经济特色发展	服务业增加值占 GDP 比重	%	全市
54			高新技术产品产值占规模以上工业总产值比重	%	全市
55		民营经济活力创新	民营经济增加值占 GDP 比重	%	全市
56			R&D 经费支出占 GDP 比重	%	全市
57		就业机会充分保障	登记失业率	%	全市
58			主要劳动人口受过高等教育比例	%	全市
59		发展成果分配合理	城镇常住居民人均可支配收入	万元	全市
60			全体居民人均可支配收入与人均 GDP 增速比	比值	全市
61	人文国际多元	世界知名旅游胜地	游客满意度	%	全市
62			年接待外国游客人数	万人	全市
63		国际往来广泛深入	国际友好城市数	个	全市
64			常住外籍人员来源国家（地区）数	个	全市
65		商务环境开放国际	世界 500 强企业落户数	个	全市
66			外商直接投资占 GDP 比重	%	全市
67		城市活动丰富多彩	国际性体育赛事、节庆活动、会议会展举办场次	次	全市
68			每十万人文化艺术场、博物馆馆数	间	全市
69		文化遗产保护传承	历史建筑保护率	%	全市
70			文化及相关产业增加值占 GDP 比重	%	全市

注：全市——指珠海市行政辖区范围，行政建制包括香洲区、金湾区和斗门区中心城区——指香洲城区和南湾城区，其范围由新老香洲、吉大、拱北、前山、南屏、湾仔、洪湾组成；新区——指重点发展的西部生态新城、高新区等新建城区。

3.1.3 基于大数据的十大民生指标

为实现对珠海城市发展水平内部的空间差异性分析，在《指标体系》研究成果基础上，从以人为本的角度出发，结合市民关注点和规划部门空间规划管理的职能，利用手机、出租车、网络信息等大数据，配合城市土地利用、规划管理等城市基础信息数据，构建了“基于大数据的十大民生指标”。

考虑到指标的典型性和数据的可获性，十大民生指标部分直接对应《指标体系》中的指标，部分由《指标体系》转译，部分则由多个分项指标综合计算构成（见表 3-3）。通过对十大民生指标的评估与分析，可对珠海城市发展过程中影响民生的关键要素进行空间差异性分析，实现珠海城市发展水平评估由“全市一个数、全年一个数”到“因地而异、因时而异”的拓展。

基于大数据的十大民生指标　　表 3-3

编号	目标层	路径层	指标层
1	生态安全永续	自然环境宜人	公众对城市环境保护满意率、PM2.5 监测浓度、水功能区水质监测数据
2		绿色空间亲近	亲近自然区域便捷度、亲近公园绿地便捷度、人行道林荫路覆盖率、慢行交通线网密度、水体岸线自然化率
3	空间紧凑宜人	街区活动便捷	街区大小、土地利用混合度
4		功能布局合理	居住者日常生活圈半径
5		通勤距离舒适	通勤距离
6	出行绿色通畅	道路出行通畅	路网密度、实时车速
7		公交使用便捷	公共交通占机动车出行比例、公交站点使用便捷度、公交站自行车租赁点衔接率
8	服务优质共享	义务教育便捷	中小学上学便捷度
9		医疗服务便捷	就医便捷度
10		住房价格满意	全体居民人均可支配收入与人均 GDP 增速比

3.2　珠海城市发展水平评价方法

THE EVALUATION METHODOLOGY OF ZHUHAI DEVELOPMENT LEVEL

在明确了《珠海城市发展评价指标体系》和“基于大数据的十大民生指标”的基础上，本研究制定了一套科学客观的评估方法，包括城市综合发展指数计算方法、民生综合发展指数计算方法和城市发展等级评价方法，可对珠海城市发展各项工作和绩效表现进行系统评估。

3.2.1　城市综合发展指数计算方法

城市综合发展指数是基于《指标体系》对珠海城市发展水平和进展情况进行的全面系统的量化评估分析结果，具体计算方法包括单个指标得分计算、单项领域综合发展指数计算和城市综合发展指数计算三部分。

3.2.1.1　单个指标赋值与得分计算方法

单个指标赋值包括现状值、2020 年目标值、标杆值和最差值。

由于《指标体系》中各指标量纲和数量级不同，为保证结果的可比性，需对各指标原始数据进行标准化处理。以标杆值为标准，采用极差标准化方法对每个指标得分进行计算。各指标得分的取值范围为 0 ~ 10 分，分值越大，该指标表征要素绩效越优。

3.2.1.2　单项领域综合发展指数计算方法

《指标体系》中七大领域发展指数分别用生态安全永续指数 Q_1、空间紧凑宜人指数 Q_2、

出行绿色通畅指数 Q_3、服务优质共享指数 Q_4、社会平安和谐指数 Q_5、经济低碳创新指数 Q_6 和人文国际多元指数 Q_7 表示。单项领域指数由各自 10 个指标得分加总得到，取值范围为 0 ~ 100 分。

3.2.1.3 城市综合发展指数计算方法

城市综合发展指数采用“等权”计算方法确定七大领域综合发展指数权重 W_1 ~ W_7，按照公式 $Q=Q_1W_1+Q_2W_2+\cdots+Q_7W_7$ 进行计算。城市综合发展指数取值范围为 0 ~ 100 分。

3.2.2 民生综合发展指数计算方法

民生综合发展指数基于“十大民生指标”对珠海城市发展过程中影响民生的关键因子进行空间差异性分析，具体包括指标标准化、指标权重的确定和指标多要素空间叠加等过程。

3.2.2.1 指标标准化

由于十大民生指标的量纲和数量级不同，为保证结果的可比性，需对各指标原始数据进行标准化处理。考虑到指标之间的横向和纵向对比需求，选择“0-1 标准化”方法进行计算，使得每个指标的标准值都在 [0，1] 范围内。

3.2.2.2 指标权重的确定

采用经验方法和多因素统计方法来确定单项指标权重系数的大小。在计算珠海民生综合发展指数时，对每项权重因子赋予相同的等值。

3.2.2.3 指标多要素空间叠加

指标多要素空间叠加有两种情况：当基本空间单元确定且对于各指标均采用相同的基本空间单元时，对于每一个基本空间单元都有各个单项指标的值，直接根据所确定的权重进行计算；当不同的单项指标采用不同的基本空间单元时，采用空间叠加和空间分析功能进行每个地块多属性信息的提取。

通过上述两种方法，获得珠海各个基本空间单元中所有的指标值，然后利用标准化确定在街道和网格空间单元上各个单项指标的标准值，最终根据确定后的权重进行计算，即将在相同单元下的所有指标的标准值加和后除以指标个数，然后乘以 100，得出在街道和网格两个空间单元下的民生综合发展指数。指数取值范围为 0 ~ 100 分，数值越大，表示在同一空间单元下城市综合发展水平越高，反之则越低。

3.2.3 城市发展等级评价方法

采用国际通用的等级评价方法，将珠海城市发展水平按指数数值高低划分为“优秀”“良好”“合格”和“待合格”四个等级（见表 3-4）。

《指标体系》评价等级分区表 **表 3-4**

评价层次	城市发展水平等级			
	优秀	良好	合格	待合格
单个指标得分	[8.5，10.0]	[7.0，8.5）	[6.0，7.0）	[0，6.0）
单项领域发展指数	[85，100]	[70，85）	[60，70）	[0，60）
城市综合发展指数	[85，100]	[70，85）	[60，70）	[0，60）

ASSESSMENTS OF ZHUHAI URBAN DEVELOPMENT LEVEL

4 珠海城市发展水平评估

4.1 珠海城市总体评价

OVERALL ASSESSMENTS OF ZHUHAI URBAN DEVELOPMENT

本报告应用《珠海城市发展评价指标体系》和“基于大数据的十大民生指标”相关研究成果，对珠海 2016 年度城市发展建设工作进行了综合评估，并基于 2015 年度的评估结果进行了珠海城市发展水平的时序变化分析和空间演化分析，从总体评价和单领域评价两个层面分析珠海城市发展现状。同时，针对珠海单领域的发展水平评估结果，进一步与国内外先进城市进行对比，剖析珠海城市发展建设工作的亮点与不足，从而为珠海城市未来各项工作指明方向。针对珠海城市发展过程中具有推广意义的亮点工作，以“珠海经验”形式进行总结，以期为国内其他城市的建设与发展提供经验借鉴。

详细的评估说明见附录 1，评估结果见附录 2 和附录 3。

4.1.1 城市综合发展等级达到良好

珠海，一直坚持生态优先、绿色发展的理念，并取得了多项优异成绩。2016 年，在中央城市工作会议精神的指引下，珠海市政府贯彻落实“创新、协调、绿色、开放、共享”发展理念，围绕让人民生活更美好的核心要求，以城市、产业、交通为三大重点抓手，从推动生态文明建设和环境保护、提升城市规划建设水平、建设珠江西岸交通枢纽、推动城市公共服务均等化、构建立体化治安防控体系、落实创新驱动发展核心战略、推进公共文化体育旅游服务体系建设等方面，促进城市建设与发展水平的提升。

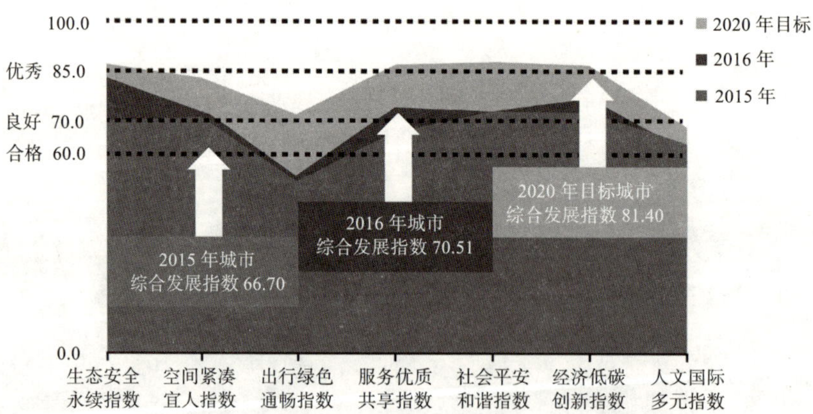

图 4-1 珠海 2015 年、2016 年城市综合发展指数评估结果

珠海 2015 年、2016 年及 2020 年城市综合发展指数评估结果表明（见图 4-1），珠海 2016 年城市综合发展指数为 70.51，相比 2015 年（66.70）上升 5.7%，相比 2020 年发展目标（81.40）仍相差 13.4%，实现了城市整体发展水平由合格等级迈入良好等级。一方面，

是珠海长期以来将生态保护与环境建设理念融入城市发展的全过程，以及践行的城市建设政策体系和制度机制，取得了突破性进展，在生态、空间、出行、服务、社会、经济及人文领域的综合表现达到较佳水平；另一方面，则表明珠海2016年度各项城市规划建设管理工作的成效显著，综合发展水平稳步提升，夯实了珠海建设现代化宜居宜业城市的基础。

4.1.2 各领域发展水平普遍提升

珠海2015年、2016年及2020年各领域发展指数评估结果变化趋势表明（见图4-2），珠海2016年各领域的发展指数及发展等级从高到低排序为：生态安全永续指数（82.89，良好）>经济低碳创新指数（76.85，良好）>服务优质共享指数（73.93，良好）>社会平安和谐指数（72.83，良好）>空间紧凑宜人指数（72.71，良好）>人文国际多元指数（61.49，合格）>出行绿色通畅指数（52.84，待合格）。

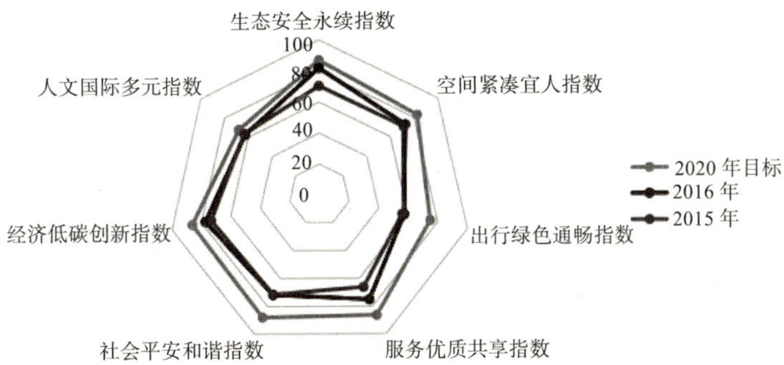

图4-2 珠海2015年、2016年各领域发展指数评估结果

对比2015年评估结果，可发现珠海2016年七大领域发展指数变化幅度介于−3.3%～18.6%，生态安全永续（18.6%）和服务优质共享（11.7%）领域发展势头较为强劲，经济低碳创新（6.3%）领域发展速度尚可，其余四大领域则处于稳定阶段，反映出珠海2016年各领域发展水平普遍取得了不同程度的长进与提升，共同推动全市综合发展水平的提高。

针对各领域发展水平的变化，我们跟踪研究发现：珠海2016年在“生态安全永续”领域取得较为明显的突破，主要得益于珠海在2016年全面推广绿色建筑，促进了城市建设与生态环境保护相融合发展。“服务优质共享”领域则是由于珠海近年来推行了强有力的医疗保障措施，包括大力发展医疗卫生事业、引进医疗卫生人才，极大地提升了城市公共服务能力。“经济低碳创新”领域的进步，是随着珠海经济社会的转型升级发展，其城乡居民收入呈现稳健增长的态势，2016年实现了近五年来首次居民收入增长跑赢GDP增速，人民生活水平稳步提高。“空间紧凑宜人”领域则主要是随着珠海西部新城的开发建设渐入正轨，城市单位建设用地效益逐渐提高，同时由于TOD模式的落地，城市日趋紧凑、精明发展。“出行绿色通畅”领域和“社会平安和谐”领域小幅提升，主要是珠海绿色交通、低碳出行政策措施成效明显所带动。而“人文国际多元”领域小幅下降，主要是由于珠海文化实力尚未完全展现，国际性体育赛事、节庆活动、会议会展的举办仍未形成稳定规模，效果不明显。

对比珠海各领域综合发展等级的变化情况可发现，其 2016 年发展等级为优秀、良好、合格、待合格的领域比例是 0∶5∶1∶1，相比 2015 年的 0∶3∶3∶1，生态安全永续领域和服务优质共享领域从合格等级晋升至良好等级，其他领域等级不变，暂无领域综合发展水平达到优秀等级。

尽管珠海 2016 年各领域发展水平全线提高，但与其 2020 年城市建设目标相比，未来 4 年间各领域的发展压力仍不容小觑。其中，出行绿色通畅领域与 2020 年目标差距为 26.6%，社会平安和谐领域差距为 17.1%，空间紧凑宜人、经济低碳创新、服务优质共享和人文国际多元领域的差距均接近 10.0%，而生态安全永续领域的差距亦在 5% 左右。

总体上，随着珠海城市建设由“崇尚生态优先”迈入“产业、交通、城市大发展”的现代化宜居宜业城市阶段，城市规划建设管理的各项工作水平均有较为明显的提升，已为市民提供了较为安全永续的生态环境、紧凑宜人的城市空间、优质共享的城市服务、平安和谐的社会环境以及低碳创新的经济条件，基本做到了人文环境的国际多元，但距离实现出行环境的绿色通畅仍有一定差距。未来，珠海在城市发展战略的制定方面应尤为注重结合各领域的发展等级区别对待，鼓励在部分优势领域率先达到国内甚至国际先进水平，加大对弱项领域的政策倾斜以及对各领域进行持续性提升与发展。

4.1.3 指标发展等级总体有序上升

通过对《指标体系》70 个具体指标的发展等级进行统计分析（见图 4-3），发现珠海 2016 年发展等级为优秀、良好、合格、待合格的指标占比依次为 31%、19%、23% 和 27%，即相当于超三成指标得分高于优秀等级（≥ 8.5），累计约有七成指标得分高于合格等级（≥ 6.0）。对比 2015 年，共有 12 个指标的发展等级出现上升，2 个指标的发展等级出现下降；同时，优秀等级指标数量和高于合格等级指标数量分别提升了 4 个百分点和 7 个百分点，反映出珠海实现了低发展等级指标逐渐减少，中、高发展等级指标有序增加，指标整体发展等级上升。

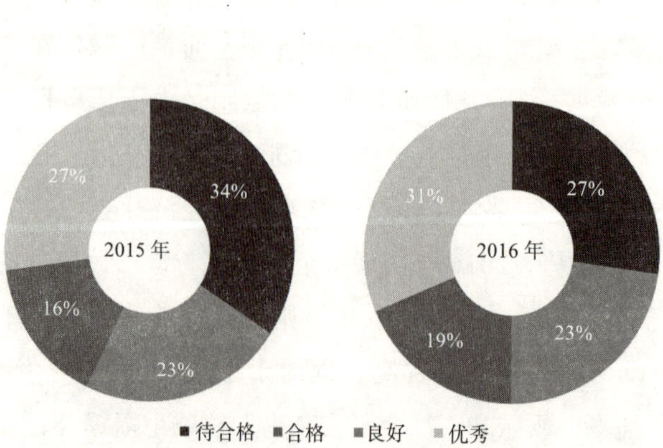

图 4-3 珠海 2015 年、2016 年各指标发展等级分布图

值得注意的是，继 2015 年实现生态保护用地占国土面积比例、居民幸福指数、单位 GDP 能耗和游客满意度等 19 个指标得分达到优秀等级之后，$PM_{2.5}$ 年均浓度、水功能区水质达标率、新建建筑中绿色建筑比例和全体居民人均可支配收入与人均 GDP 增速比 4 个指标在 2016 年也进入了优秀等级行列，反映出珠海 2016 年在自然环境、水环境治理、城市低碳建设以及发展成果分配等方面的发展优势陆续凸显。而珠海现阶段仍处于待合格等级的指标则主要包括工作日高峰时段公共交通平均车速、住房价格收入比、世界 500 强企业落户数、文化及相关产业增加值占 GDP 比重等，主要涉及城市交通拥堵、住房价格、国际商务和文化产业等方面。

通过分析研究珠海 2016 年七大领域内部各指标发展等级情况表明（见图 4-4），珠海现阶段各领域内部指标的发展仍不平衡，各有优势与短板。对比 2015 年，各领域内部指标发展等级总体处于上升通道，生态安全永续、空间紧凑宜人、服务优质共享和经济低碳创新领域内部均有明显的指标发展等级上升现象。

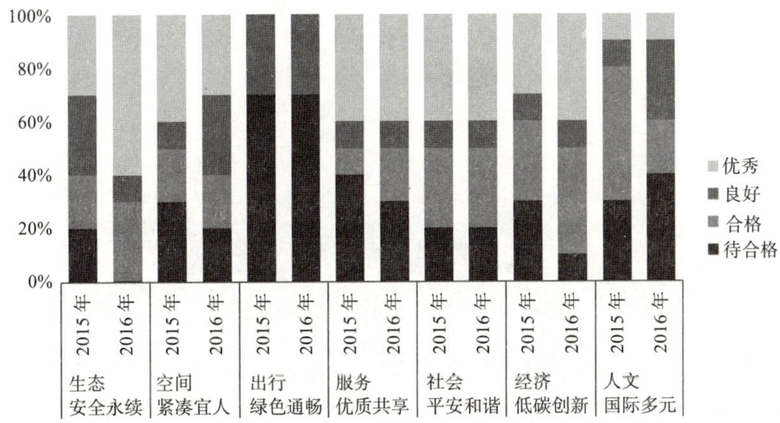

图 4-4 珠海 2015、2016 年各领域内部指标发展等级分布图

4.1.4 城市内部区域不均衡发展特征明显

为了更加细致、深入地研究珠海城市内部发展水平，本报告应用“基于大数据的十大民生指标”对珠海 2016 年度民生综合发展指数进行了评估与分析。评估发现，珠海城市内部呈分化发展态势——香洲区、金湾区、斗门区三大行政区的中心区域现阶段综合发展水平均高于其郊区地带，城市边缘地区综合发展水平普遍较低。

具体来说，在珠海全市域综合发展水平达到良好等级的总体背景下，其香洲中心城区民生综合发展指数最高，斗门区、金湾区的区、镇中心所在地的民生综合发展指数亦相对较高，但斗门区、金湾区的民生综合发展指数整体低于香洲区。其中，具备良好的自然条件和生态环境以及拥有较为完善的基础设施和城市建设的区域率先实现了较高水平的城市发展，如狮山、拱北、梅华、翠华和吉大街道办等区域，其内部土地利用混合度较高、街区大小适宜、交通和服务等基础设施完善，同时居民生活圈半径小、通勤距离相对较短，因此区域民生综合发展指数相对较高。而莲洲镇、南水镇、平沙镇、乾务镇和斗门镇等区域，其内部交通、教育、医疗等设施均不太完善且分布不均衡，导致居民生活圈半径相对较大、通勤距离相对较远，影响区域内的发展水平，因此区域民生综合发展指数相对偏低。

4.2 生态安全永续水平评价
ASSESSMENTS OF SAFETY AND SUSTAINABLE ECOLOGY

珠海在生态文明建设过程中应继续维护空气、河流水系、湿地、海岸带、森林等自然生态环境的健康安全，保障城市建设运行所需的物质材料、水资源、土地资源，确保整体生态系统为城市居民提供持续健康的生态服务，永久保护城市永续发展所依赖的自然生态系统（图 4-5）。

图 4-5 珠海野狸岛生态环境

对珠海 2015 年、2016 年及 2020 年生态安全永续指数评估结果显示（见图 4-6），2016 年生态安全永续指数为 82.89，比 2015 年（69.87）增长 18.6%，相比 2020 年发展目标（86.92）相差 4.6%，单领域综合发展等级由合格上升为良好，并趋近于优秀等级。充分表明珠海生态环境在良好的先天优势基础上不断提升，为市民提供了一个优质、安全、健康、持续、有保障的自然生态环境。

在生态安全永续领域内部（见图 4-6），各指标 2016 年发展指数相比 2015 年稳中有进，变化幅度为 0.0% ~ 531.3%，领域内各指标发展态势积极良好，近四成指标的发展等级发生了量级飞跃。其中，新建建筑中绿色建筑比例涨幅最大，达 531.3%，实现了绿色建筑占新建建筑 100% 的发展目标，反映出珠海将绿色建筑发展纳入优先位置推进实施。生活垃圾资源化利用率和再生水回用率相比 2015 年同期均出现较大幅度上升，分别增长了 45.3% 和

8.2%，亦反映出珠海在废弃资源循环利用方面和城市水环境治理取得了较大进展。$PM_{2.5}$ 年均浓度相比 2015 年同期下降 6.6%，反映出城市空气质量越加优良。其余指标则基本保持 2015 年的良好或优秀等级，表明珠海在环境严格保护、生态优先发展方面工作优势继续保持，城市生态环境整体呈现优质稳定。

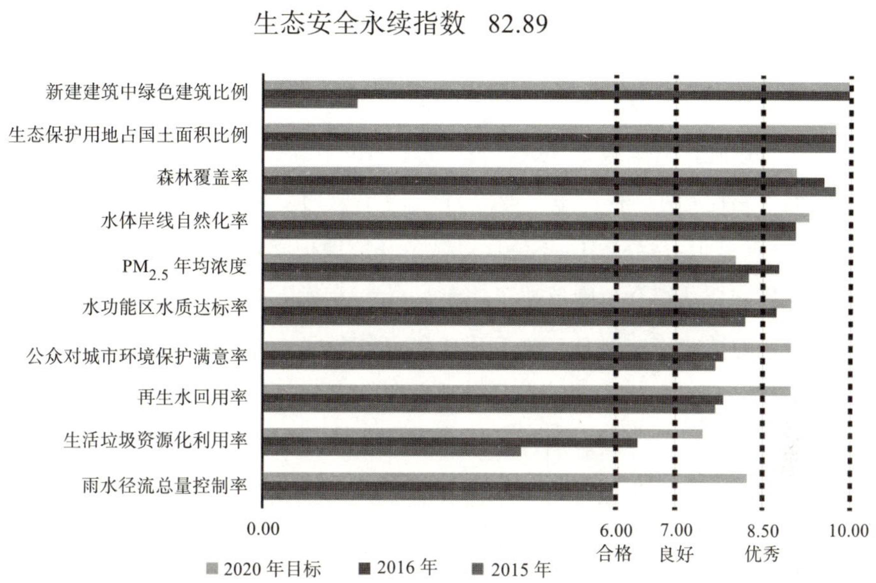

图 4-6 珠海 2015 年、2016 年生态安全永续指数评估结果[1]

从单领域发展水平来看，生态安全永续领域内部发展等级为优秀、良好、合格、待合格的指标比例为 6∶1∶3∶0，全部达到了合格及以上等级。其中，达到优秀或良好等级的指标主要涉及空气、河流水系、生态用地、环境保护等自然生态以及城市建筑方面，而关于城市资源循环利用方面的两个指标——生活垃圾资源化利用率和再生水回用率仍处于合格等级。综合来看，珠海现阶段自然环境持续保持优质安全，低碳绿色建设也卓有成效，但仍存在一定的短板，尚需在资源高效循环利用方面不断努力，以更好地满足城市可持续发展过程中的环境、社会、经济协调发展。

4.2.1 自然环境保持优质安全

自然环境直接影响人类的生活和生产活动，是城市系统的重要组成部分，而优质安全的自然环境也是如今城市发展追求的主要目标。其中，空气是维持人体健康的最重要物质之一，直接关系到城市自然环境安全。近年来，珠海持续保持对环境保护、节能减排、生态建设等方面的大投入，多举并进全面维护城市自然环境，在防治空气污染方面表现尤为突出。早在

[1] 雨水径流总量控制率因珠海市海绵城市建设仍处于起步阶段，指标数据尚未能完全测算，故 2015 年、2016 年指标宜居指数均按 6.00 计算。

2012 年，珠海就率先成为全国第一批按照新的《环境空气质量标准》（GB 3095—2012）和《环境空气质量指数（AQI）技术规定（试行）》（HJ 633—2012）进行监测的城市。2016 年，珠海在大气污染防治工作中重点治理挥发性有机物，解析城市空气 $PM_{2.5}$ 来源，大力支持珠海电厂、金湾电厂超低排放改造，加强机动车减排，有效推进新能源汽车在公共服务领域的应用。制定并实施了《珠海市 2016 年黄标车淘汰工作实施方案》，全年累计淘汰黄标车及老旧车 5781 辆，超额完成广东省政府下达的淘汰任务。

2016 年，珠海 $PM_{2.5}$ 年均浓度为 26μg/m³，指标得分为 8.80，较 2015 年上升 6.6%，指标发展等级由良好水平迈入优秀水平。从空气质量指数具体数值变化情况来看（见图 4-7），珠海全年空气质量达到优秀等级 178 天，良好等级 168 天，优良天数共计 346 天，空气质量达标率为 94.5%，相比 2015 年上升 4.5%，连续两年位列全国 74 个重点城市年度空气质量排名首位。统计数据显示，珠海 2016 年公众对城市环境保护满意率（78.33%）指标得分为 7.83，指标发展等级为良好，从综合角度反映了珠海在自然环境保护方面成绩显著。

珠海空气质量的持续稳定提升，离不开其全面实施的大气污染治理措施以及大力推进的大气污染防治行动计划。珠海通过调整优化产业结构和空间布局、引导企业实施清洁生产、加强工业大气污染治理、实施煤炭消费总量控制、推动煤炭清洁高效利用、全面整治燃煤小锅炉、控制城市扬尘污染、防控机动车污染、推进清洁能源使用以及推广新能源汽车、建设城市慢行系统等多项举措，综合改善空气质量，成效显著。

尽管珠海全年空气质量总体不错，但因受气象条件影响，在空气污染源排放相对稳定的情况下，珠海空气质量季节性变化明显（见图 4-7），春夏季节较好，秋冬季节受外来污染物迁移的影响，常出现灰霾天气。这表明空气质量问题不是单个城市可以解决的，需要从更大的区域层面来整体管制和综合治理，需要周边城市的共同努力。广东省已于 2014 年建立了珠三角大气污染区域联防联控机制，珠海在今后的工作中应以此为契机，加强与周边城市的协作，共同推进蓝天行动不断深化。

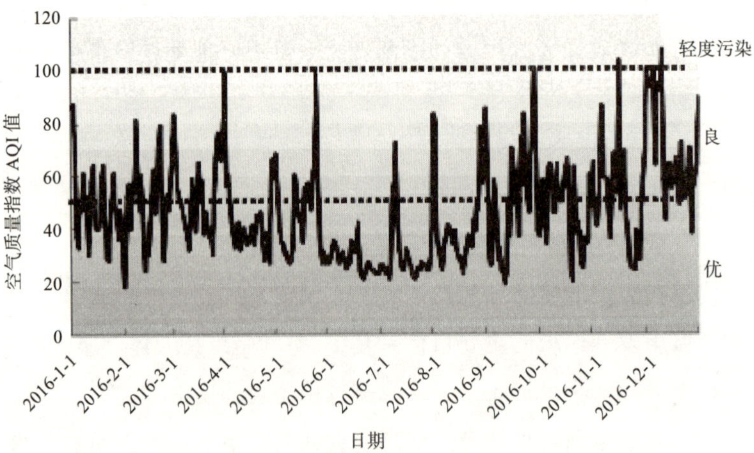

图 4-7 珠海 2016 年度空气质量指数变化趋势图

4.2.2 生态用地有效保护有法可依

生态用地承载着保持水土、净化空气、生物多样性保护美化环境、休闲游憩等多重生态功能，是城市建设发展的重要组成部分。2016 年，珠海在划定超过 1000 平方公里生态控制线的基础上，进一步起草了《珠海市生态控制线管理规定》，拟对生态控制线实施分级管理，并制定了不同的建设管制规定，严格保护控制线内各类资源，禁止控制线内相关建设，以此进一步完善生态用地管理体系，优化生态安全格局。

数据显示，珠海 2016 年生态保护用地比例为 58.44%，指标得分为 9.74，指标发展等级为优秀。森林覆盖率为 40.1%（扣除超过 5% 的自然湿地面积），指标得分为 9.55，指标发展等级为优秀。城区绿化覆盖率达 58.11%，公园数量增加到 456 个，城市公园总面积为 $3594hm^2$，城区人均公园绿地面积达到 19.50 平方米。建成各类自然保护区 9 个，森林公园 6 个，湿地公园 2 个，总面积达到 213 平方公里。总体上，珠海已经实现了对各类森林公园、生态公益林、重要湿地、自然保护区、水源林等生态用地的强制性保护，为城市可持续发展预留了足够的空间，为城市生态效益提供了有力保障。

与新加坡、温哥华、墨尔本等国际城市相比[1]，珠海拟对生态控制线实施分级管理的措施具有重要意义，能够吸取国际城市经验为城市自然环境保护、生态城市建设提供支撑与指导。珠海 2016 年获得全国“生态文明先进奖”，也是对其生态保护工作的充分肯定。但另一方面，也应注意到珠海生态用地的自身质量仍有一定的提升空间。与维也纳、深圳、厦门等森林覆盖率超过 40% 的城市相比，珠海目前森林资源仍存在林分结构不合理、生态功能等级偏低，以及“质高量不多，量多质不够”的量质不协调问题。因此，在今后的发展中，珠海还需继续推进生态控制线的划定与管理工作，运用生态系统管理手段重点优化森林资源结构、增强森林生态功能，加快生态用地保护的有序健康发展，以此进一步巩固现有的珠海市生态园林城市和森林城市成果。

• 珠海经验 1

生态环境指数（2016 年 12 月 23—29 日） 表 4-1

区（经济功能区）	环境空气指数	水环境指数	公众投诉指数	生态环境指数	生态环境提示
香洲区	96.1	100.0	65.8	87.8	蓝色
斗门区	96.9	100.0	76.2	91.3	蓝色
金湾区	100.3	100.0	68.6	90.7	蓝色
横琴新区（保税区）	92.8	100.0	72.5	88.1	蓝色
高新区	92.2	100.0	0.0	66.1	红色
万山区	100.3	100.0	100.0	100.2	绿色
高栏港区	90.6	100.0	66.5	85.2	蓝色

注：绿色代表优秀，蓝色代表良好，橙色代表平稳，红色代表预警。

[1] 刘冬，林乃峰，邹长新等．国外生态保护地体系对我国生态保护红线划定与管理的启示 [J]. 生物多样性，2015，23（6）：708-715.

生态环境提示：本周全市生态环境良好，其中优秀区（经济功能区）1个，良好区（经济功能区）5个，预警区（经济功能区）1个。

· 亮起生态建设的“红绿灯”—— 珠海生态环境指数

2015年3月，珠海市环境保护局首次公布了全市各区的生态环境指数，成为全国首个以区为单位每周发布生态环境指数的城市。该指数是区域生态建设和环境质量总体状况量化的综合性指数，包括环境空气指数、水环境指数、公众投诉指数3类内容6项指标（环境空气质量优良天数占比、$PM_{2.5}$浓度均值、PM_{10}浓度均值、水环境功能区水质达标率、污水处理厂达标排放率、每周每万人环境投诉案件数），数据来源为相关部门公布的环境质量、环境管理、自然生态等信息。该指数反映了区域生态文明建设和环境优良水平，有利于针对性地调整城市生态建设状态，弥补生态环境保护措施方面的欠缺，提高政府政策措施的可实施性[1]。

珠海生态环境指数选取了6项指标进行测评，根据测评得分分别以“绿、蓝、橙、红”进行四色预警，测评的结果能够综合评价区域生态建设和环境质量总体状况，同时，通过每周、分区监测，实现了珠海生态环境指数“因时而异、因地而异”的动态测评，一定程度上提高了环境质量信息的实效性，并强调属地负责的原则，为地方环保决策提供了依据。此外，生态环境指数与城市居民所关注的内容更加贴近，更加关注公众健康和生活感受，极大地激发了公众在指标增添等方面出谋划策的参与热情，从公众监督方面来积极促进环境质量的提升。

4.2.3 河湖水系逐步洁净宜人

水资源作为人类赖以生存的重要自然资源，是城市可持续发展的关键。珠海河涌纵横、水系发达，属典型的三角洲河网区。2016年，珠海在延续河涌整治、水体岸线修复工作的基础上，重点综合治理了前山河流域环境以及城市黑臭水体，年内三次与中山市环保部门联合开展前山河流域跨界污染联合执法检查，通过全面控制污染物排放、节约保护水资源、严格环境执法监管、公众参与等10大方面76项任务提升全市水环境质量。同时，大力推进珠海情侣路“一带九湾”沙滩修复工程，其中城市客厅沙滩、香炉湾和凤凰湾沙滩已修复完成并投入使用，香炉湾沙滩修复工程还获得了“2016年广东省宜居环境范例奖”。为进一步推动水生态文明城市和海绵城市建设工作，珠海编制出台了《珠海市河湖水系低影响开发专项规划》，对城市河湖水系空间管控作出了顶层设计。

[1] 江镕．关注珠海生态环境指数 [J]. 环境，2015（5）：34-35.

相关数据显示，珠海2016年水功能区水质达标率为87.50%，水体岸线自然化率为90.83%，指标得分分别为8.75和9.08，均达到了指标发展优秀等级，反映出珠海全市各主要河流、饮用水源地、近岸海域各项污染物监测指标年均浓度已全面达标，海岸线生态修复也初见成效，总体上为市民营造了自然洁净的河湖水系环境。

与深圳、厦门等同类城市相比，珠海城市水环境功能区的现状质量总体上处于优良状态，但水污染防治仍有一定的提升空间。珠海地处西江最下游，水质受上游来水影响较大，且自身污水收集、处理设施不完善，导致水环境质量并不稳定，特别是前山河的整治效果还有待提高。2016年1月至9月，珠海水环境质量同比变差，而执法案件数量却较少，暴露出了环境质量变差的同时执法却未同步跟进提升。在今后的水环境综合治理过程中，珠海应继续"治水""治岸"双管齐下，以全面推行河长制为契机，建立健全河湖管理保护机制，进一步加大水环境立法和执法力度，改善河涌水质，合理开发利用滨水区域，提高城市品位。

•珠海经验2

·海岸的金色铠甲 —— 珠海香炉湾沙滩修复

图4-8 珠海香炉湾沙滩实景

香炉湾是珠海"一带九湾"风情线的重要节点，是珠海旅游资源的重要组成部分。随着20世纪90年代情侣路的修建，香炉湾自然沙滩从原本有名的休闲胜地逐步退化甚至消失。近年来，由于海岸线利用率低下，整体单调缺乏活力，活动空间载体欠缺，大大降低了海湾地带的可游览性。加之香炉湾特殊的地理位置，环境脆弱且易受灾害侵袭，沙滩修复势在必行。

2015 年，珠海编制实施了《香炉湾——野狸岛滨海环境整治提升规划》，并通过香炉湾沙滩修复工程，以沙滩代替钢筋水泥的固化堤岸，对既有的沙滩岸线进行整治，并复原部分历史沙滩。2016 年 11 月香炉湾沙滩全面开放，修复后的人工沙滩长度为 1.5 公里，平面宽为 80m，斜坡为 50 ~ 60m（见图 4-8）。人工岸线恢复为自然岸线后，沙滩作为情侣路部分地区与海之间的缓冲区，不仅能够护岸、防御台风，还能改善城市景观、推动生态系统的修复与平衡，提升了珠海旅游品质，增加了情侣路的多样性。香炉湾沙滩修复所需的沙子大部分来自当时正在建设的港珠澳大桥珠海口岸项目基坑开挖出的沙子，通过创新性的砂石循环利用措施，比同等长度的一般沙滩修复工程节约了近亿元[1]。凭借这些优异的生态和社会示范成效，香炉湾沙滩修复工程获得了“2016 年广东省宜居环境范例奖”和“2017 年中国人居环境范例奖”。

4.2.4 废弃资源利用效率大幅提升

对城市生活中常见的生活垃圾、生活污水等废弃资源进行循环利用，能在实现对物质和能源合理和持久利用的基础上，减小经济社会活动对自然环境的影响，达到生态经济双赢的目的。2016 年，在“生态立市、生态优先”的发展理念下，珠海继续深化资源循环利用工作，包括编制出台了《珠海市再生资源回收网点布局规划》、修编了《珠海市污水系统专项规划（2006—2020）》等，从整体层面推进再生资源回收体系建设，科学系统布局城市再生水供水系统以及发展再生水回用事业等。

数据显示，珠海 2016 年生活垃圾资源化利用率为 50.86%，指标得分为 6.36，同比增长了 45.3%，指标发展等级从待合格提升为合格。再生水回用率为 33.91%，指标得分为 6.78，同比增长了 8.2%，处于合格等级。这些数据表明珠海在资源循环利用方面已具备一定的基础，而且发展势头较好，但仍需注意提高整体利用水平。

国际上，如新加坡、温哥华、鹿特丹、圣迭戈、哥本哈根等城市都在全社会鼓励和提倡“零废物”理念，主要通过政策推广、技术工程手段应用、社会舆论引导等措施推动落实[2]，如新加坡将污水百分之百收集输送处理得到再生水，圣迭戈利用反渗透回收计划实现再生水满足 1/3 饮用水需求等[3,4]。与之相比，珠海尽管早在 2010 年就试点垃圾分类，2015 年成为“中英两国城市生活垃圾处理合作”试点城市以及通过各种市政设施推动再生水的利用，但截至目前仅初步推动了餐厨废弃物资源化利用的产业化发展，再生水主要利用途径仍为园林绿化水源，整体上在资源循环利用领域尚存在管理理念及市民环保理念有待提升、相关产业体系

[1] 张晓红 . 珠海香炉湾沙滩修复项目获广东省宜居环境范例奖 [N]. 珠海特区报，2017-03-08.

[2] 郭燕 .“零废弃”概念、原则及层次结构管理的研究 [J]. 纺织导报，2014（10）: 28-30.

[3] 杨茂钢，赵树旗，王乾勋等 . 国外再生水利用进展综述 [J]. 海河水利，2013（4）: 30-33.

[4] 李本高，汪燮卿，陆婉珍 . 污水回用技术的进展与发展趋势 [J]. 环境经济，2007（5）: 59-64.

不完整、处置机制不健全、技术水平欠缺、工程规模较小、回用范围有限等问题。在今后的发展中，珠海应重点健全及规范废弃资源循环利用产业体系，加大对相关技术的研究应用，提升技术水平和创新能力，加强地方性法规和标准化体系建设，形成完善的制度支持。同时，完善市场机制支撑，提高社会参与度和认知水平，让市场手段与行政手段形成互补，引导再生资源行业的快速发展。

4.2.5 绿色建筑开始全面推广

在城市建设过程中，绿色建筑能够在其寿命期内最大限度地节约资源、保护环境、减少污染，为人们提供健康、适用、高效的使用空间。海绵城市建设可以采用生态化措施有效维持城市开发建设前后的水文特征不变，进一步提升城市生态建设水平和可持续发展能力。2016年，珠海将支持和鼓励绿色建筑发展和海绵城市建设作为创建"生态文明新特区"的重要战略。2016年起，珠海在落实2015年关于"全市新建民用建筑全面执行绿色建筑一星以上标准"政策要求的基础上，进一步系统谋划了全市建筑产业绿色发展事业，包括正式出台了《珠海市绿色建筑发展专项规划（2015—2030）》，开启了绿色建筑"全面建设"模式，制定并发布了一系列文件规范，以立法形式进一步推进实施绿色建筑等。

珠海2016年新建建筑中绿色建筑比例达100%，指标得分为10.00，同比增长了531.3%，指标发展等级为优秀，跨上了一个全新的阶段。全年全市范围内新建、改建和扩建的民用建筑100%达到了绿色建筑一星或以上标准，其中获得二星以上设计标识的占比超过40%。全市共有57个项目获得国家或省、市的绿色建筑评价标识，共计建筑面积约570万平方米，并建成国家级建筑光电应用示范项目共计12个，走在广东省各地市的前列。

与国际城市相比，珠海的新建建筑中绿色建筑比例已能与新加坡、温哥华、圣迭戈等城市相媲美，但在城市整体建筑本身的绿色品质方面仍有较大差距[1,2]。一方面，珠海既有建筑存在能耗偏高、市政公共配套设施趋于老化、能源利用效率低等问题，导致既有建筑的节能和绿色化改造存在较大压力。另一方面，由于缺乏强有力的激励性政策，目前珠海高星级绿色建筑推广难度仍较大，仍主要依赖对建设和业主单位的引导，远未达到自发自觉建设的状态。在人员方面，行业从业人员技术和管理能力仍较为欠缺，并且缺乏系统的行业培训与交流，造成项目推进相对滞后。在今后的发展中，珠海应重点加快相关激励政策的研究、制定和执行，推出全面详细的技术指引，加强相关从业人员的培训，充分调动社会对绿色建筑的认可度，加大对相关产业的扶持和培育力度。

---

❶ 滕珊珊，吴晓．新加坡绿色建筑市场发展探析[J]．建筑学报，2012（10）：17-21.

❷ 施建刚，张浩．中外绿色建筑标准比较研究[J]．城市问题，2014（9）：2-8.

·珠海经验 3

·全“绿”建筑 —— 珠海中心大厦

图 4-9　珠海中心大厦

珠海中心大厦（见图 4-9）总建筑面积为 14.7 万平方米，高 330 米，地上 65 层，地下 2 层。在珠海中心大厦的建设过程中，从技术创新到建筑选材、从设计环保到施工节能都始终遵循着“绿色”原则，注重绿色建筑技术与建筑方案的融合。

在建筑选材和设计环保方面，珠海中心大厦大范围使用了节能玻璃，隔热性能优异，降低了室内空调能耗，降低了反光率，有效避免了玻璃外墙造成城市空间光污染。同时，珠海中心大厦整栋建筑均采用了“环保砂浆和蒸压加气混凝土砌块”作为砌体材料，重量轻且具备较为优异的隔声效果和强度以及隔热性能，让大厦得以最大限度地减少空调和供暖的负荷。珠海中心大厦采用 VRV 空调系统，在保证空气质量的同时大幅减少了送风风机的动力能耗，降低了现场噪声。在施工过程中，珠海中心大厦也始终贯彻绿色理念，项目推广应用了建筑业 10 项新技术，并设定了一组明确的技术指标，并凭借在绿色施工方面的优异表现在 2014 年第四批全国建筑业绿色施工示范工程中获得了 91.55 分的高分[1]。

珠海中心大厦是一个人与自然和谐共生的优质建筑，为人们创造了健康、适用和高效的使用空间，于 2015 年底被评为“第四批全国建筑业绿色施工示范工程”，并成为珠海第一个获得美国 LEED 金级认证的建筑项目。

4.3　空间紧凑宜人水平评价

ASSESSMENTS OF COMPACT AND PLEASANT SPACE

在城市空间发展过程中，珠海应贯彻集约用地精明增长的理念，打造疏密有致的开敞空间，构建望山见水的景观风貌，开展公交引导的混合开发，构建职住平衡、功能完善的城市组团，为社会经济发展提供舒适宜人的城市空间（图 4-10）。

---

[1] 沈梦怡 . 珠澳第一高楼——330m 珠海中心大厦封顶 [N]. 南方日报，2015-12-19.

图 4-10 珠海市情侣路沿岸景观

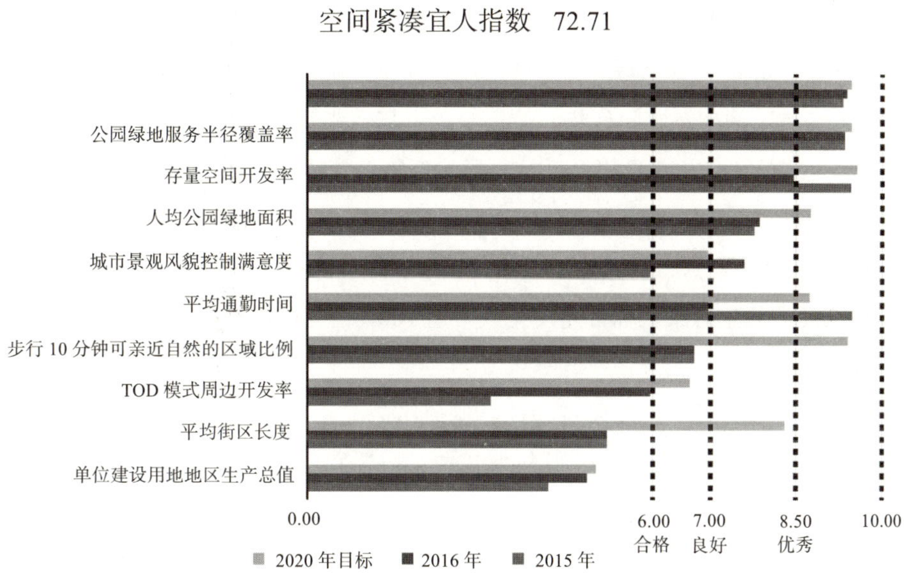

图 4-11 珠海 2015 年、2016 年空间紧凑宜人指数评估结果[❶]

根据 2015 年、2016 年空间紧凑宜人指数评估结果显示（见图 4-11），珠海 2016 年空间紧凑宜人指数为 72.71，与 2015 年（70.91）相比上升 2.5%，比之 2020 年发展目标（82.71）相差 12.1%，单领域综合发展等级为良好，反映出珠海通过不断塑造城市景观特色、加速升

❶ 步行 10 分钟可亲近自然的区域比例指标的适用范围为中心城区和新区，平均街区长度指标的适用范围为新区，故上述两个指标的宜居评价结果并不代表全市水平；平均通勤时间的 2015 年宜居指数实际为 2009 年水平；城市景观风貌控制满意度为本《指标体系》的特色指标，2016 年第一次进行指标社会调研，2015 年指标宜居指数按 6.00 计算。

级公园之城建设、打造紧凑空间和稳步推进城市更新等举措，加速形成合理的城市空间布局。

在空间紧凑宜人领域内部（见图 4-11），各指标 2016 年得分相比 2015 年的变化幅度为 -10.4% ~ 15.7%（城市景观风貌控制满意度、TOD 模式周边开发率、平均通勤时间不纳入对比），反映出领域内部呈差异化发展特征。其中，单位建设用地地区生产总值指标得分上升 15.7%，说明珠海的土地产出效益比往年有所提升。存量空间开发率指标得分下降 10.4%，反映出随着珠海近年来城市开发建设的加速，其土地供应量需求逐年增加，2016 年虽维持了对已征未建闲置土地的盘活量，但存量土地的利用效率却有所下降。

从单领域发展水平上看，空间紧凑宜人领域内部发展等级为优秀、良好、合格、待合格的指标比例为 3∶3∶2∶2。其中，达到优秀或良好等级的指标主要涉及景观风貌、绿色空间方面，而关于城市空间集约利用方面的指标——平均街区长度、TOD 模式周边开发率和单位建设用地地区生产总值发展等级偏低，说明珠海现阶段城市用地尚需向功能混合化、产出高效化发展不断努力。

4.3.1 景观风貌特色突出备受青睐

景观风貌是城市文化精神的物质载体，依托现有山水脉络等独特风光，让城市与自然互相融合，是生态城市对景观的要求。在城市规划建设过程中，珠海从多方面保护其“水清、绿浓、园秀、城美”的生态空间优势，使得绿色宜居、幸福美丽的森林城市形象加速彰显，人与自然和谐发展的现代化建设格局日益成形。近年来，随着森林进城、公园下乡、绿廊串联等行动的大力推进，珠海在全市范围内塑造了山海相拥、山城相融、林城相依的城市景观格局。2016 年，珠海重点推进了“一河一带两轴两镇三心三港”等 57 个环境宜居重点项目规划设计，16.8km 的生态景观林带建设完成率达 100%，为城市发展注入了更多的“生态红利”和“绿色福利”。

根据本研究对珠海城市景观风貌的社会调研结果显示（见图 4-12），珠海 2016 年城市景观风貌控制满意度为 64.78，指标得分为 7.62，指标发展等级为良好。步行 10 分钟可亲近自然的区域比例为 60.61%，指标得分为 6.73，指标发展等级为合格，反映出随着珠海特色景观风貌的不断塑造，已初步为市民打造了便捷亲近自然的城市空间，市民对整体景观普遍持认可态度。

从城市景观风貌控制满意度的评价结果来看（见图 4-12），珠海市民对“三线”（即城市天际线、山脊线和海岸线）管理、城市公共艺术空间、城市道路景观、建筑布局以及建筑风貌方面的满意度十分相近，在 63.0 ~ 68.0 范围内浮动，反映出珠海在景观风貌控制方面的工作得到了市民的普遍认可。

调研结果还显示，珠海最具城市景观特色的是城市海岸线、城市绿化、海岛景观和道路景观。其中，以珠海渔女、情侣路、海滨公园、圆明新园、长隆海洋王国和珠海大剧院等特色空间最为印象深刻。而海岛资源开发不足、山体资源未得到充分利用、水系资源和滨水空间遭到破坏、城市建筑风貌特色不明显等问题则制约着珠海城市景观风貌宜人度。

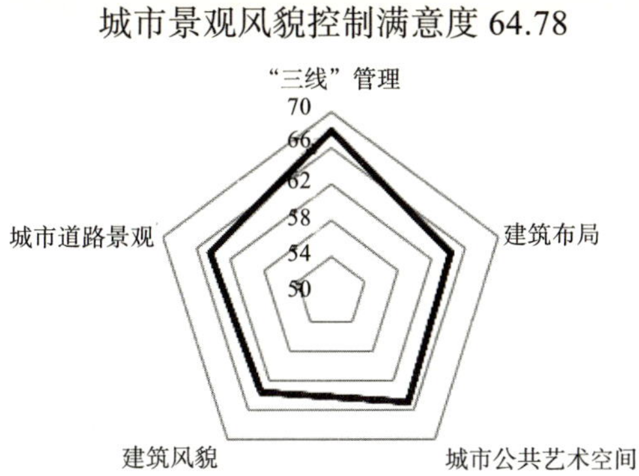

图 4-12 珠海 2016 年城市景观风貌控制满意度调研结果

与国内其他城市相比，珠海在《中国生态城市建设发展报告（2016）》中多项排名靠前——景观休闲型城市排名第一，特色评价城市、环境友好型城市以及资源节约型城市排名第三。总体上，珠海城市景观风貌备受市民青睐，其围绕空间结构要素、特色要素建立的多维度、精致化城市特色风貌管控方法，成功塑造了“山海相拥、陆岛相望、城田相映、城景相依”和谐共生的整体城市风貌和精致城市风景。未来，珠海还可从城市建筑风貌管控、城市公共艺术空间塑造等方面进一步提升城市景观水平。

• 珠海经验 4

· 全天候、多维度、精致化 —— 珠海总体城市设计

自建市以来，珠海的城市设计经历了四个阶段：法规标准理性管理阶段、分区和重点地区实践阶段、以宜居项目为载体大力开展阶段、全域谋划阶段。

最新开展的珠海总体城市设计提出“珠港澳国际都会、滨海风景名城”的城市形象定位，以“追求多元平衡的精致风景之城”为设计目标，建立了对“山海相拥、陆岛相望、城田相映、城景相依”城市特色风貌的全天候、多维度、精致化管控方法。为具体落实设计目标，珠海总体城市设计对重点地区、一般地区分别提出城市设计的控制要求，并根据各区特色资源要素确定各分区的夜景建设和风貌管控要求，提炼出风貌管控的原则性条文。通过划定城市照明分区，明确城市形象符号，建立珠海形象视觉识别系统，创新管理制度，制定行动框架，支持珠海的城市精细化管理。珠海城市设计倡导众筹珠海市民智慧，公众参与家园设计，进行了开放设计的创新工作方法。

得益于全天候、多维度、精致化的城市设计管理模式，因地制宜的分区设计策略和可落实操作的成果表达形式，珠海市被国家住房和城乡建设部列入第一批城市设计试点城市名单（图 4-13）。

图 4-13　珠海城市前山河景观风貌

4.3.2　绿色开敞空间独具特色日趋均衡

绿色开敞空间是人与自然进行信息、物质和能量交换的重要场所，对“人—城市—生态”和谐发展有着重要意义。近年来，珠海积极推进立体绿化城市试点工作，不断提高城市建成区绿地率，致力于建立布局更合理、分布更均衡、配套更齐全、管理更完善、运转更有序的城市公园绿地系统。2016 年，珠海全力推进公园之城、千里绿廊、彩色飘带和生态水网四大行动，加速构建公园绿地、水网湿地、森林郊野、城乡社区四大公园体系，美化城市环境和改善城市面貌。

数据显示，珠海 2016 年度公园绿地服务半径覆盖率为 94%，人行道林荫路覆盖率为 94.29%，指标得分分别为 9.40、9.43，指标发展等级均为优秀，与 2015 年持平。人均公园绿地面积为 19.7m^2/ 人，指标得分为 7.88，与 2015 年基本持平，充分反映了珠海已为市民创造了分布均衡、数量充裕舒适休闲的绿色开敞空间，其绿地系统与城市现有空间氛围和谐共生。另外，截至 2016 年底，珠海完成 187 处人行天桥、边坡、立面等的绿化美化工程，全市累计建成公园 456 个，其中社区公园 377 个，并凭借社区体育公园获得中国人居环境范例奖。

基于大数据分析珠海绿色空间亲近度，可发现珠海绿色空间呈现“边缘高、中间低、相差悬殊”的格局，城市内部的山、水、林、田、公园、海岸线等自然环境元素并非均衡分布。其中，临近海面的东部岸线地区能够很好地满足市民对自然区域及公园进行锻炼、休闲和享受自然的需求。而各区中心因建成区内自然景观分布较少，所以其绿色空间亲近度相对较低。

得益于内容丰富、形式多样的城市绿化和不断完善的公园体系，珠海人均绿地面积位居广东省前列。但与哥本哈根、新加坡相比，珠海的平面绿化与立体绿化还具有一定的提升空间。在平面绿化方面，珠海虽然打造了独具特色的公园体系，但对于街道绿色公共空间的打造仍相对薄弱，更多强调主干道的绿化，城市次干道及支路的绿化档次有待提升。在立体绿化方面，珠海主要采取对天桥、下穿隧道、立交桥等设置种植槽、挂花绿化等模式，而对于墙体绿化的普及和有效整治仍相对欠缺。未来，珠海可以学习新加坡的相关经验，通过推行精细化管理实施体系，建立绿化建设和管理的市民参与制度，加强城市次干道及支路绿化和墙体绿化，提升平面绿化和立体绿化的数量、质量、规模、层次、布局、结构、特色。

· 珠海经验 5

图 4-14　珠海社区公园示例

· 出门可见的绿色福利——“六大特色”社区公园

为建设国家生态园林城市，升级城市绿色空间，珠海自 2012 年以来充分利用城市快速发展过程中未经充分绿化的“边角闲置地块”和尚未充分利用的“街头山边绿地”，在全市范围内高标准、高效率地建成社区公园（见图 4-14），将一个个城市“黑点”变成了生态亮点。

在社区公园打造过程中，珠海始终坚持四个理念——“建什么样的公园市民说了算”“把公园建在市民家门口”“用不一样的办法建不一样的公园”以及“让市民共享共管公园”，因地制宜，科学规划，初步形成了以大镜山社区公园为代表的群众体育特色、以海滨社区公园为代表的滨海浪漫特色、以梅华城市花园为代表的生态林蔬特色、以昌平社区公园为代表的商业闹市特色、以北山社区公园为代表的历史时空特色、以濂泉社区公园为代表的城乡结合特色六大特色。随着各具特色的社区公园不断建成，珠海社区公园已累计接待了数百万名市民与游客，其高使用率和长期管养模式广受好评[1]。

[1] 广东省住房和城乡规划建设厅，广东省体育局．广东省社区体育公园规划建设指引 [R]. 2014.

珠海社区公园建设不仅改善了城市生态环境、实现了土地资源集约利用；同时还引导市民形成了健康的生活方式，繁荣了群众文体活动，基本实现了全市“一社区一公园”。珠海由此获得了“2014 年广东省宜居环境范例奖”，并在全国率先确立了社区体育公园的定义，总结出了具有科学量化数据的社区体育公园规划建设标准。

4.3.3 小街区规划建设有待提升

城市街区肌理与尺度反映着街区的空间品质，对激发城市活力有重要意义。2016 年，珠海延续了人本尺度的“小街区”和密街道网络设计理念，致力于打造尺度宜人舒适的街区环境。在“小街区”方面，珠海提出以唐家湾为推广先锋，计划在片区内约 $40km^2$ 的未开发土地上推广“窄马路”，市民可生活在不设“围墙”、由方格化道路围绕的住宅小区里，通过便利的公交系统、慢行系统实现自由穿梭。在街道网络设计方面，珠海南湾城区开展了从人性化角度切入的街道设计专项研究，探索人的需求与街道的供给之间的关系，满足市民对街道空间的安全、舒适、美丽、可参与、可生长等需求。

根据珠海新区控规测算，珠海 2016 年度街区平均长度为 343.87 米，指标得分为 5.20，指标发展等级为待合格，一定程度上表明珠海新区尚未实现开放便捷、尺度适宜、配套完善的生活街区建设，小街区建设可提升空间仍较大。从全市层面来看，现阶段金湾区、高栏港区和高新区的街区尺度均较大，而如中心城区等人流活动密集的区域则通过增加街道的数量和面积使得街道系统相对完整、街区尺度相对适宜。

利用街区大小和土地利用混合度数据分析珠海街区活动便捷度，可发现其中心城区主要道路周边的街区活动便捷度要高于其他地区。其中，梅华街道办、翠香街道办、前山街道办等街区大小合理，土地利用混合度较高，用地类型较丰富，功能布局紧凑，适宜步行出行，易于形成市民认可的、具有安全感和归属感的居住之所。而白蕉镇、斗门镇、三灶镇、平沙镇、莲洲镇等平均街区面积偏大，土地利用混合度较低，土地功能不能满足居民的各项需求，街区活动便捷度偏低。

与街区长度为 50 ~ 130 米的维也纳、100 ~ 120 米的巴塞罗那等城市相比，珠海的街区尺度还有很大的改善提升空间。分析维也纳对整个城区的功能比例及其组合方式进行的研究和规划，可发现维也纳不仅明确了每个混合功能城区的指标要求，还对每个特定的城市设计区域进行了详细规定，以避免单一功能的大面积开发对城区造成不良影响，并且及时跟进城市不断发展变化的新状况。借鉴维也纳的经验，珠海在对新区进行街区规划设计以及对已有街区进行改造设计时应充分考虑公共资源的平均分配、土地功能的混合使用、街道空间的交往需求以及公共空间随性亲和等因素[1]。

---

[1] 仵希亮 . 维也纳街区制印象 [J]. 城市开发（物业管理），2017（1）：56-58.

4.3.4 集约用地高效推进存量开发仍需加强

土地资源的节约集约利用有利于形成空间紧凑、职住平衡和功能完善的城市组团，有助于促进社会经济的高效发展。2016 年，珠海以“攻坚、创新、提升”为主线，大力践行精明增长理念，结合实际发展情况不断促进土地利用模式与城市空间形态的协调发展，全方位贯彻土地资源节约集约利用的城市建设指导方针。在规划策略方面，调整完善土地利用总体规划、有效推进用地项目建设和服务供给侧结构性改革、推进土地征收制度改革以及加强节约集约用地考核。在实施途径方面，不断推进城市更新改造新局面，包括加大闲置土地分类处理力度，稳步推进中心城区旧厂房更新和成片旧工业区改造升级，有序实施香洲城区老旧小区的综合整治提升，大力推动“烂尾楼”盘活整治等，在减少城中村和整治城乡接合部等方面取得了显著成效，明显改善了群众的居住环境。当前，珠海正在一步步完善保护性开发利用规划策略和实施途径，实现创新转型升级和城市空间的高效利用，推动城市发展由外延扩张式向内涵提升式转变。

数据显示，珠海 2016 年度人均城镇建设用地面积为 152m^2，单位建设用地地区生产总值为 437.28 万元 /hm^2，指标得分为 4.86，相比 2015 年上升 15.7%，指标发展等级为待合格。存量空间开发率为 63.84%，指标得分为 8.51，相比 2015 年下降 10.4%，指标发展等级仍为优秀。上述指标的差异化表现，一方面反映了随着珠海近年来城市开发建设的加速，其土地供应量需求逐年增加；另一方面反映了珠海土地的产出效益虽比往年有所提升，但仍受开发规模速度分布的影响，建设用地空间分布较为分散，土地经济的集聚效应和规模效应还有待提升。

总体上，珠海在珠三角地区的土地节约集约利用方面表现属较佳水平——荣获 2016 年度广东省“三旧”改造单项考核二等奖，获广东省奖励 750 亩新增建设用地指标，并成为广东省唯一的全国节约集约用地示范市。对比国际城市，巴塞罗那与鹿特丹强调从建筑单体改造中取得更大的效果，巧妙利用城市的废弃空间，践行集约发展，注重城市的更新[1]。同样地，珠海也注重在城市更新改造过程中留住历史印记和文脉，为文化内涵的注入提供载体和支撑，留住其特色的人文气息。但珠海在土地空间引导和布局优化、土地内涵挖潜和整治再开发、土地综合承载能力提升等方面仍相对较弱。除此之外，珠海在完善城市基础设施、公共服务设施、交通枢纽等公共空间土地综合开发利用模式和供地方式方面也还有一定的提升空间。

· 珠海经验 6

· 城市紧凑建设 —— 珠海土地节约集约利用

面对现代化城市建设过程中的城市空间拓展、经济生活以及生态保护对于土地资源的巨大需求，珠海市近年来把节约集约用地作为促进经济发展方式转变和经济结构调整的重要突破口，不断探索新思路、新措施，力争实现新常态下转方式、调结构、稳增长、促改革的内在要求。

[1] 李瑾，牛津．巴塞罗那公共空间改造中城市资源的可持续利用 [J]. 安徽农业科学，2009，35（19）: 9228-9229.

图 4-15　珠海市城市更新项目示例（中海富华里）

在土地节约集约利用方面，珠海多管齐下全面落实最严格的节约集约用地制度，实现了三大成就[1]。一是珠海于 2016 年获评广东省唯一的全国节约集约用地示范市，这主要得益于其强化规划管控，率先在广东省试点推行“五规融合”，贯彻“有保有压有控”和“有限指标保重点”的原则，实施差别化供地政策。通过全面清查项目产业引进、建设实施投产、财政税收效益等方面的基本情况，加大闲置低效土地清理处置力度。开辟重大项目用地报批“绿色通道”，有效推行预约服务机制等工作，加强节约集约用地考核，形成“倒逼机制”。二是珠海通过大力推广高标准农田建设保护耕地，减少土地过度开发带来的生态问题，突出农业产业的竞争力，顺利通过了 2016 年度广东省政府耕地保护目标责任履行情况考核，获省考核三等奖。三是珠海土地管理秩序实现新转变。通过强化履约监管，创新体制机制，积极开展违法用地清理整治专项行动，“两违”整治工作得以顺利进行（图 4-15）。

4.3.5　空间功能布局趋向紧凑发展

城市空间布局体现了城市各种功能活动在空间上的分布形态，其合理性影响着城市运行效率。近年来，珠海坚持统筹城市各功能区用地，鼓励功能混合和产城融合，推进 TOD 示范区建设，积极融入广东省“公交都市区”建设，促进人口集中、产业集聚、用地集约，基本构成了渐进式、集约组团型的城市空间结构。2016 年，珠海进一步优化城市“存量”，在开发建设东部滨海花园城市的同时，全面统筹推进新一轮西部开发建设，推动城市空间、功能、公共服务设施向新城新区延伸拓展。总体上，在主城区提质和新区扩容并进的策略下，珠海重视引导城市用地向通勤短程化和功能混合化方向发展，城市空间得到有序提升，空间功能布局逐步优化。

[1] 珠海市人民政府 . 广东省珠海市土地利用总体规划（2016—2020 年）[R].2010.

珠海 2016 年度平均通勤时间为 37 分钟，指标得分为 7.07，相比 2010 年下降 25.6%，指标发展等级为良好，反映出随着珠海西部新城的开发建设，居民职住平衡指数有所下降，但整体上仍控制在可接受范围内，城市空间功能布局仍较为紧凑。珠海 2016 年度 TOD 模式开发率为 1.80，指标得分为 6.00，指标发展等级为合格，反映出珠海 TOD 示范区的建设为城市空间功能提升和格局优化提供了良好条件，但现阶段整体的土地功能布局仍有较大的提升空间。

基于大数据分析珠海通勤距离舒适度和土地功能布局合理性，可发现珠海东部城区居民生活圈半径相对较小，居民生活较为便利。其中，距离中心城区较近的拱北街道办、湾仔街道办、狮山街道办等的土地功能布局较为合理，城市基础设施较为完善，居民能够在较短的距离内满足日常生活的各种需求。而位于边缘地区的南水镇、平沙镇、斗门镇和白蕉镇，需要到达较远的地方才能满足日常生活的各种需求，需进一步完善基础设施及土地功能布局。

放眼国际，巴塞罗那、鹿特丹、圣迭戈等城市的平均通勤时间均维持在 20 ~ 30 分钟之间，这些城市通过普及使用公共自行车和电动车、优先发展公共交通、推行 TOD 开发模式和践行“窄道路密网格”的小尺度街区来疏解城市交通过于集中的压力❶。与之相比，珠海还需加强推动 TOD 开发模式，形成功能混合和公交导向的紧凑集约开发模式。鉴于 TOD 开发的核心特点在于调整城市空间形态，集工作、商业、文化、教育、居住等为一体的“混合用途”，珠海可借鉴哥本哈根和新加坡的发展经验——坚决地执行长久的城市规划，将传统的城市设计思想与现代生活特征相结合，以人们所钟爱的具有地方特色和文化气息的社区模式取代缺乏吸引力的郊区化社区模式，并配以相应的社区服务设施来完善社区功能❷。未来，“公共交通为导向”的 TOD 开发模式的推广，将有效提升珠海土地可达性和机动性，增强城市内部布局的合理性以及城市的通透性和微循环能力，为市民打造一个更便捷的生活、工作空间。

4.4 出行绿色通畅水平评价

ASSESSMENTS OF GREEN AND SMOOTH COMMUTING

珠海的交通发展是珠海人居环境可持续发展的关键领域，应以人为本，提高道路网建设的合理性，推进城市公交以及步行和自行车交通系统建设，优化多元出行交通网络布局，实现交通的通达有序、安全舒适、低能耗、低污染（图 4-16）。

珠海 2015 年、2016 年及 2020 年出行绿色通畅指数评估结果显示（见图 4-17），珠海 2016 年出行绿色通畅指数为 52.84，与 2015 年（51.46）基本持平，相比 2020 年发展目标（72.00）仍相差 26.6%，单领域综合发展等级为待合格，为珠海城市综合发展七大领域中

❶ BernicM，Cevero R. The Transit Village in the 21st Century[M]. New York：McGraw Hill，1997.

❷ 蒋谦 . 国外公交导向开发研究的启示 [J]. 城市规划，2002，26（8）：82-87.

的短板，反映了珠海现阶段距离实现城市交通的有序、通达、公平以及安全仍有较大的提升空间。

图 4-16 珠海市莲花大桥

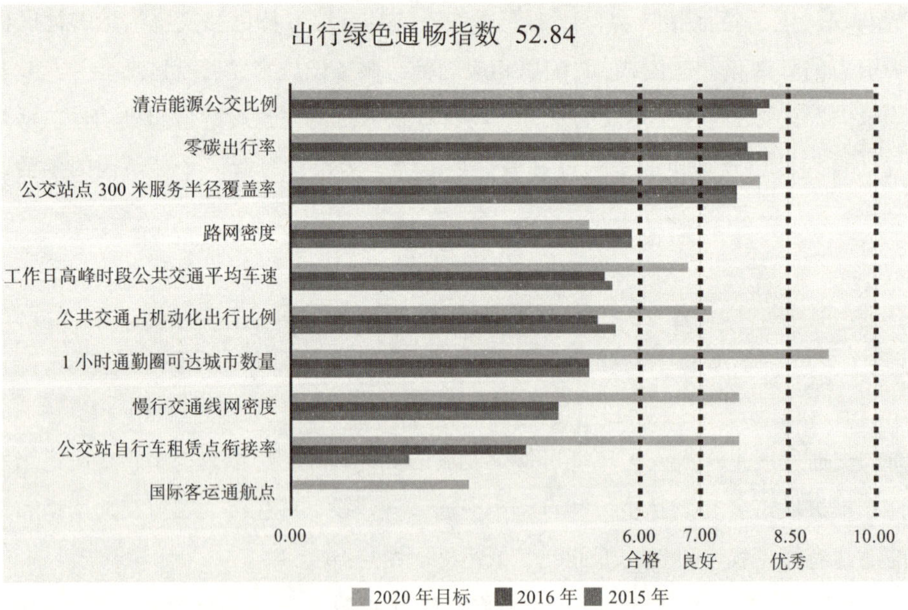

图 4-17 珠海 2015 年、2016 年出行绿色通畅指数评估结果[1]

[1] 路网密度、慢行交通线网密度指标的适用范围为中心城区和新区，其中珠海新区仍处于建设开发起步阶段，故指标的宜居评价结果仅为珠海中心城区水平；工作日高峰时段公共交通平均车速、公交站自行车租赁点衔接率指标的适用范围为中心城区。

在出行绿色通畅领域内部（见图 4-17），各指标 2016 年得分相比 2015 年的变化幅度为 -5.5% ~ 97.8%，表明领域内部各指标呈差异化发展态势。其中，公交站自行车租赁点衔接率指标得分大幅提升 97.8%，主要得益于珠海公共自行车系统二期工程的顺利开展，为市民创造了绿色出行条件，同时也缓解了城市公交出行“最后一公里”问题。而公共交通占机动化出行比例指标得分下降 5.5%，反映出由于机动车保有量持续增长、轨道交通发展缓慢、公交站场建设滞后等原因，珠海公共交通优先发展进展不佳。

从单领域发展水平上看，出行绿色通畅领域内部发展等级为优秀、良好、合格、待合格的指标比例为 0∶3∶0∶7。其中，达到良好等级的指标主要涉及公交优先、低碳绿色出行方面，而对外交通和市内交通方面的表现尚不尽如人意，说明珠海亟须进一步推出强有力的交通出行改善措施，营造开放、畅达、可靠、公平、低碳、安全的交通出行环境，以满足日益多样化、高标准的交通出行需求。

4.4.1 积极推动公交优先发展

将稀缺的城市道路资源向效率更高的公共交通转移，优化客运结构，达到公交与慢行系统的无缝衔接是推行低碳绿色出行和缓解交通拥堵的关键。在绿色出行方面，珠海坚持“以人为本、公交优先、绿色交通”的发展理念，2016 年着力从路权保障、设施完善、营运提升、机制创新等方面优化“外围增长、向心强化”的公共交通发展格局。通过修订完善《珠海公交特许经营协议》、新开微公交线路、创新公交车型、升级公交微信功能、开工建设公交专用道、新建或改建公交候车亭、实施公交换乘优惠、开通运营有轨电车等措施，持续提升公交服务水平，保障各类人群的基本出行需求。与此同时，珠海积极推动交通系统节能减排工作，通过持续推广 LNG 清洁能源和纯电动新能源公交车以及增加新能源出租车运力投放，加快清洁能源公交建设，促进城市交通与生态环境的协调发展。

珠海公共交通指标测算结果显示，珠海 2016 年公交站点 300 米服务半径覆盖率为 52.30%，清洁能源公交比例为 80.10%，指标得分分别为 7.47、8.01，指标发展等级均为良好，表明珠海公共交通站点总体布局较为合理，基本能够满足居民便捷使用的需求，公交系统绿色低碳建设成效显著。然而，珠海 2016 年公共交通占机动化出行比例为 36.00%，指标得分为 5.14，相比 2015 年下降 5.5%，指标发展等级为待合格，表明尽管珠海已经创造了较为便捷的公交出行条件，但由于其居民机动车保有量持续增长（同比增长了 20.3%）、轨道交通发展缓慢以及公交站场建设滞后等原因，导致公交出行比例始终偏低，公共交通的主体地位尚未完全确立。

基于大数据分析珠海公交使用便捷度，可发现珠海东部城区的公交使用便捷度普遍高于西部城区。其中，香洲、拱北、吉大、横琴等中心城区的公交、轨道、慢行道等基础设施相对完善，可达性强且使用便利，因而拥有较高的公交使用便捷度。珠海西部的莲洲镇、白焦镇、乾务镇和三灶镇等城市边缘地域，由于交通基础设施相对缺乏，公交使用便捷度仍然较低。

在国内积极推进公交优先的先锋城市中，深圳践行“必须坚持公交优先、政府主导、改革创新、因地制宜和可持续发展”五条基本经验，在全市范围内建立城市交通运行监控中心，完善公交服务质量考核体系，因地制宜地开通了上下班高峰通勤班车、商务快巴、旅游专线、社区接驳公交等多种形式的公共服务，满足市民多样化的公交需求[1]。与之相比，珠海在公交一体化管理、公交体制改革以及公交服务多样化等方面尚有提升之处。参考深圳的公交系统建设，珠海在改进中心城区公交体系工作基础上，选择在横琴、高新区、西部中心城区等地打造全覆盖公交体系，通过系统化的提升改造措施，打造路权优先更有保障、线网层次更为丰富、设施规模更为充足、运营服务更加可靠、行业管理更为先进的公交系统，最终构建覆盖全域的“以人为本宜居生态的一体化综合交通系统”。同时，珠海还应合理利用资源，从政策导向、资金支持、城市规划等各方面引导交通资源向公共交通倾斜，提高居民公交出行比重，实现低碳绿色交通体系高效运营。

4.4.2 慢行系统建设有待系统提升

建设慢行交通系统是解决城市快慢交通冲突、慢行主体行路难等问题的有效途径，也是城市活力品位的象征。近年来，珠海积极推行“公交＋慢行”的绿色低碳出行模式，高标准建设由慢行组团网络和通廊组成的安全、便捷、舒适的慢行交通系统，引导市民规范、有序、文明地使用绿道和公共自行车。在绿道建设方面，珠海 2016 年新建绿道 70km，累计里程达到 986km，同时着力推进生态景观林带、城市绿道、健康步道、林荫道、乡村风情道等“一带四道”建设，通过绿道“兴奋点”将优良的自然节点、人文节点、城市公共空间和居民点有机串联起来。在公共自行车租赁服务推广方面，珠海加快完善公共自行车投资和运营机制，建成公共自行车租赁系统二期工程 398 个服务站点，覆盖香洲、上冲、前山等片区。

珠海 2016 年慢行交通线网密度为 1.8 公里 / 平方公里，指标得分为 4.50，指标发展等级为待合格。主要由于城市慢行交通线网大部分由干路和支路构成，且依附于机动车交通，以致慢行交通网络建设有所受限。珠海 2016 年公交站自行车租赁点衔接率为 39.60%，指标得分为 3.96，指标发展等级虽为待合格，但相比 2015 年大幅提升 97.8%。零碳出行率为 45.80%，指标得分为 7.63，虽相比 2015 年下降 4.4%，但指标发展等级仍为良好，反映出随着珠海公共自行车系统的建设和慢行系统的打造，城市初步营造了适合步行和自行车便捷出行的环境，逐步形成了较为稳定的零碳出行氛围，可满足市民日常出行、休闲健身等多方面的需求。

珠海的慢行交通系统和公共自行车租赁系统虽已为市民提供了相对完善的零碳出行环境，但与国际城市相比，仍有一定差距。早在 2014 年，墨尔本、哥本哈根的自行车专用道密度就分别达到了 4.6 公里 / 平方公里和 3.6 公里 / 平方公里，哥本哈根的零碳出行率达到 50% 以上，高于珠海现状水平。哥本哈根将自行车出行放在了所有出行方式的首位，政府鼓励并支持零碳出行，通过各种设施和政策来保证其建设和运行，公共自行车系统的成熟度

---

[1] 张骁儒 . 深圳社会建设与发展报告（2015）[M]. 北京：社会科学文献出版社，2015.

远高于珠海[1]。而珠海过于注重扩充公共自行车系统的建设规模，一定程度上忽略了加强其使用效率。另外，值得一提的是，珠海主城区公共自行车租赁系统示范项目在2016年顺利成为广东省第3批城市步行和自行车交通系统示范项目，这是珠海先于其他城市的先进探索。随着摩拜、OFO等共享自行车入驻珠海，一定程度上对珠海公共自行车租赁系统有明显的补充作用，但也形成了较大冲击，表现为使用率出现较大幅度降低。

• 珠海经验 7

· 情系绿色缎带——珠海特色绿色廊道

绿道是珠海宜居环境的重要组成内容和标志性建设成就。珠海市绿道网建设于2010年3月初启动，在广东省率先实现了区域绿道全线贯通。早在2011年底，珠海市绿道网建设就获得了中国人居环境范例奖，近年来更是在形式、功能和覆盖范围上进一步丰富和发展。全面完成并超越了《珠海市城市绿道网总体规划（2010—2020）》提出的1003公里的建设任务，形成了具有珠海特色的“四纵、两横、二环、六岛”的绿道网络格局（图4-18）。

图 4-18 珠海绿道及“兴奋点”示例

珠海绿道网建设工作遵循“四三”方略，即秉承“三因”（因地制宜、因形就势、因陋见巧），依托“三边”（山边、水边、林边），做到“三不”（不征地、不拆迁、不砍树），体现“三化”（生态化、本土化、多样化），着力打造滨海都市、田园郊野、历史人文、体育竞技、海岛休闲、工业生态6种类型特色绿道。各类型绿道网又与城市交通、公共绿地、自然景观有机地串联起来，形成具有珠海特色的绿道系统。在此基础上，珠海通过拓展绿道功能，开展城市慢行系统建设、社区体育公园建设及城市公共自行车系统建设，扎实推进绿色交通与低碳出行[2]。

---

❶ 邓璟．哥本哈根：自行车之城 [J]. 道路交通管理，2010（4）：58-59.

❷ 陈凌芳．《珠海市城市绿道网总体规划（2010—2020）》解析 [J]. 城市交通，2012，10（4）：30-34.

珠海的绿道是景观之道、出行之道、民生之道、经济之道，其规划建设不断从“量”向“质”的方向转变，主要体现在绿道有很高的生态价值和景观价值，具备一定的保护、隔离和美学功能。城市绿道网建设实现绿道与其他交通方式的无缝衔接、完善驿站功能配套等。珠海民众依托绿道经常举办各种非营利性的活动，大大丰富了市民的生活。绿道“兴奋点”（绿道驿站、湿地公园、城市公园等）直接带动运动、休闲、餐饮、旅游、商贸等相关产业发展，形成新的经济增长点。立足于良好的绿色廊道建设基础，珠海将大力践行绿色发展理念，不断打造“美丽中国”的珠海样本。

4.4.3 对外交通格局日渐打开

对外交通是城市连接世界和其他地区的窗口，是城市发展的重要因素之一。近年来，围绕珠江西岸交通枢纽建设目标，珠海通过优化集疏运通道布局和规划、促进多式联运发展、推进轨道交通发展以及加快港口转型升级等途径，不断打开城市对外交通联系格局。2016年，珠海编制完成了《珠海市综合交通运输体系发展“十三五”规划》，从海港、空港、铁路、交通枢纽、公路、新城拓展、公共交通、交通管理等方面规划统筹五年内的城市交通基础设施及运输服务提升工作。近些年，珠海重点开展了广佛江珠城际轨道、横琴口岸综合交通枢纽、第三代国际港口、国内新航线、长途跨省高铁列车等规划建设工作，从根本上改变珠海的对外交通格局、产业格局和城市格局，增强其作为珠江西岸交通枢纽城市的向心力，使珠海在“一带一路”倡议中的节点地位进一步凸显。

珠海 2016 年 1 小时通勤圈可达城市数量为 5 个——澳门、中山、江门、广州、深圳，指标得分为 5.00，指标发展等级为待合格；同时，珠海于 2015 ~ 2016 年期间相继开通了直达北京、桂林、上海、长沙、贵阳等地的长途跨省高铁列车，实现铁路直达 22 个城市。可见，通过轨道交通、高速公路、班轮专线等交通设施，珠海实现了深入对接珠三角、京津冀和长三角三大经济圈以及西南腹地，从“路无寸铁”到珠江西岸“高铁枢纽”，大幅提升了区位优势和服务辐射能力。

珠海 2016 年国际客运通航点虽仍为 0 个，指标得分为 0.00，指标发展等级为待合格，但珠海 2016 年民航运输航班架次、旅客运输量和货物运输量三项指标均创历史新高，共开通 23 条新航线和新增 5 个通达城市，而且直达航线继续加密、重点旅游城市班次持续增加，航线通达性和覆盖深度不断提升。受珠三角区域激烈的航运市场竞争影响，珠海现阶段国际客运仍显薄弱，尚需强化国际轮班航线和现代化港口在国际航运网络中的节点作用。总体上，珠海客货运市场正处于一个快速成长期。一方面，由于香港机场趋于饱和，寻求与珠三角机场在客货运方面的合作将会给珠海金湾机场带来发展机会；另一方面，空港集疏运系统的进一步完善将使珠海金湾机场在珠海、中山、江门获得更多的腹地市场，使其有机会争夺更多的客流与物流。

相比深圳结合深港空间结构和交通需求发展前景，从发展规划、设施建设、运营管理、技术标准等方面全方位推进港深莞惠都市圈一体化交通体系建设和发展深港跨界交通，珠海亟须加强与周边城市之间的跨界交通联系。借鉴深圳经验，以轨道交通为主要方式，构建功能完备、规模充足、层次丰富、方便快捷的跨境客运交通系统，通过不断完善交通发展协调机制、持续改进跨界交通服务、加强跨界交通规划建设管理方面的合作与衔接，提供更快速、更方便的跨界交通服务[1]，进而强化珠海在珠江口西岸地区的核心地位。

4.4.4 市内交通路网建设亟须整治

市内交通是城市生活的命脉，是体现一个城市发展和形象的重要方面。面对主城区日益拥堵的交通状况，珠海 2016 年打出治堵“组合拳”，计划用三年时间全面铺开中心城区公交、道路、慢行、停车、管理、政策等多个方面的治理工作，缓解道路交通拥堵，提升道路通行效率，让城市“血脉”更畅通。2016 年，《珠海市中心城区交通综合治理专项研究暨行动方案（2016—2018）》制定出台，首批 59 项改善措施全面落地。珠海正按照问题导向和先易后难的工作原则，从完善路网、道路挖潜、绿色出行、管理引导四个策略着手，进一步加强市内交通建设，加速推进城市主干路网建设工作，包括港珠澳大桥珠海连接线、香海大桥、洪鹤大桥、金海大桥、鹤港高速等。珠海还开展了打通断头路、建设城市支路、提升道路交叉口通行效率、开通东西部快速公交以及梳理中心城区路内停车等工作。

计算分析表明，珠海 2016 年中心城区路网密度为 4.69 公里 / 平方公里，低于 8 公里 / 平方公里的国家标准，指标得分为 5.86，指标发展等级为待合格。具体来看，珠海的高速路、快速路建设基本能够达到国家标准，但次干道和支路的路网密度远低于国家标准，直接影响着珠海市内交通的通畅情况。

珠海 2016 年公共交通晚高峰平均车速仅为 15.8 公里 / 小时，指标得分为 5.27，相比 2015 年下降 2.5%，指标发展等级为待合格，这主要是受中心城区次干道和支路密度偏低影响，以及由于珠海近年来机动车保有量持续快速增长、公交优先发展格局尚未完全形成、新城开发影响居民职住平衡所致。珠海 2016 年城区道路拥堵状况有加剧现象，道路整体通行能力呈现一定的弱化趋势。

基于路网密度和实时车速大数据分析珠海城市道路出行畅通度，可发现珠海东部城区的道路出行畅通度优于西部城区，国道、省道周边区域的道路出行畅通度最高。其中，香洲区由于道路交通基础设施较好、整体路网密度较高、实时车速相对较快，故道路出行畅通度相对较好。而南水镇、莲洲镇、斗门镇、乾务镇的道路出行畅通度表现最差，反映出其相对较差的交通条件。

尽管近年来珠海不断加快推进道路基础设施的规划建设，但城市机动车保有量逐年递增带来的交通压力和原路网的一些交通流向相互顶撞问题仍未完全解决，影响着城市内部交通

[1] 深圳市交通运输委员会 . 深圳市综合交通“十三五”规划 [R]. 2017.

的整体畅通度。对比维也纳、新加坡等城市的畅通出行策略，可以发现它们普遍通过大力推行严格的车辆拥有和使用制度、分层级的道路网络衔接体系和高标准的道路控制、合理的公共停车场（位）规划建设、一体化的轨道网络和枢纽规划设计、精细化的交通影响评价等举措，保证城市内部交通的高效运行[1]。珠海可以学习借鉴其先进经验，充分梳理现有路网结构和交通实时路况，结合城市更新和片区交通综合治理，提高微循环交通。

4.5 服务优质共享水平评价

ASSESSMENTS OF SHARING AND QUALITY SERVICE

具有吸引力的城市应提供健全的公共服务体系和均等化的服务质量，包括建立和完善教育、医疗、养老等城市基本公共服务，以及实现智慧服务设施和信息化服务的覆盖与共享（图 4-19）。

图 4-19 珠海市规划展览馆

珠海 2015 年、2016 年服务优质共享指数评估结果显示（见图 4-20），珠海 2016 年服务优质共享指数为 73.93，比 2015 年（66.20）提升了 11.7%，相比 2020 年发展目标（86.24）仍相差 14.3%，综合发展等级由合格晋升为良好，反映珠海现阶段已初步为城市居民提供了较为健全的公共服务体系和均等化的服务质量。

在服务优质共享领域内部（见图 4-20），各指标 2016 年得分相比 2015 年的变化幅度为 –1.4% ~ 420.8%（从业人员继续教育年参与率不纳入对比），领域内部指标发展水平普遍上升。其中，公共场所免费无线网覆盖率指标得分上升 420.8%，反映出珠海信息基础设

[1] 韩冰洁 . 城市交通何时畅通——破解世界性交通难题 [J]. 瞭望，2000（49）：14-16.

施建设成效显著，推动“智慧珠海”便民服务功能提升。每万人口全科医生数指标得分同比上升了 37.4%，每千人口执业（助理）医师数指标得分同比也上升了 3.9%，反映出随着珠海医疗人才总量增加，将为市民提供更高水平的医疗卫生服务。

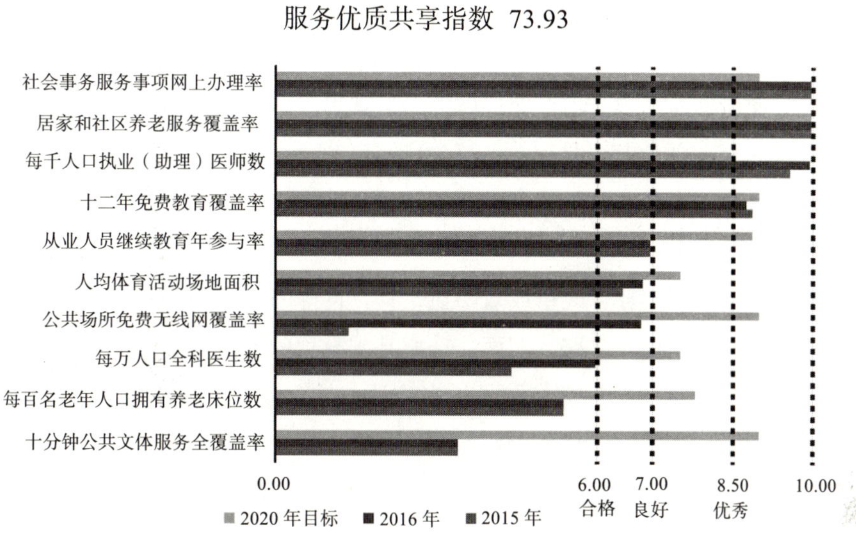

图 4-20　珠海 2015 年、2016 年服务优质共享指数评估结果[1]

从单领域发展水平上看，服务优质共享领域内部发展等级为优秀、良好、合格、待合格的指标比例为 4∶1∶2∶3。其中，涉及教育、城市智慧服务的指标均达到优秀或良好等级，而关于医疗服务的两个指标——每万人口全科医生数和每千人口执业（助理）医师数指标发展等级分别为待合格和优秀，涉及养老服务的两个指标——每百名老年人口拥有养老床位数及居家和社区养老服务覆盖率分别处于合格和优秀等级，反映出珠海在医疗、养老领域的发展尚不均衡，现阶段亟须进一步优化医疗和养老资源配置，改善全科医生及养老床位紧缺的情况，为市民提供高水平和全覆盖的医疗养老服务。

4.5.1　教育资源持续优质优化

实现优质教育资源全民共享是珠海教育事业一直以来的发展目标。近年来，珠海制定并出台了多项惠民政策，包括率全国之先推行十二年免费教育，提高居民基础教育水平，延伸教育概念，大力推动继续教育发展，加快更新专业技术人员知识和技能，提高专业技术队伍建设等。2016 年，珠海进一步推动基础教育公平发展，出台了《珠海义务教育集团化办学联盟实施方案（2016—2019）》，依托集团化办学、特色项目发展、教育信息化建设等手段，促进东西部教育资源共享，缩小城乡之间的师资差距。珠海还充分利用本地的高等教育资源，

[1] 从业人员继续教育年参与率指标一般在全国人口普查时测算，故本研究中 2015 年、2016 年宜居指数均为 2009 年水平 .

鼓励各区与高校联合办幼儿园和中小学，如中山大学附属中学、中山大学附属小学等。

珠海 2016 年十二年免费教育覆盖率为 87.5%，指标得分为 8.75，相比 2015 年下降 1.4%，指标发展等级为优秀；2016 年初中、小学、幼儿园学校建设竣工有 2 所，新增学位 2070 个，月保教费不超过 1000 元的普惠性幼儿园占比达到 53.6%❶，反映出珠海在全面优化教育资源、推进基础教育公平发展方面成效显著。

通过分析珠海城市教育资源的空间布局情况可发现，珠海市义务教育便捷度差别较大，市或镇中心上学便捷度高，边缘地区便捷度低，呈现出由各区中心向外逐步递减的态势。其中，香洲中心城区有近百个中小学校，占整个珠海市的一半，教育资源丰富，上学便捷度很高，教育基础设施比较完善。相对而言，莲洲镇、平沙镇、南水镇和唐家湾等区域教育基础设施不够完善、分布较少。

总体上，珠海全市基础教育改革成效明显，具备良好的发展基础，走出了一条具有时代特征、珠海特色的教育现代化之路。然而，珠海基础教育的政策制度仍不完善，还存在许多突出问题和发展中的短板，优质学校数量不多、学前教育水平不高、基础教育区域不均衡、城乡不均衡、校际不均衡等问题仍然存在。与墨尔本、鹿特丹以及深圳等国内外先进城市相比，珠海在教育投入、教学质量、塑造多元化及终身学习的教育环境方面还有待提升❷。

4.5.2 医疗卫生队伍日益壮大

医疗卫生事业直接关系到每位市民的身心健康更是体现城市发展的品质和吸引力的关键要素。2016 年，珠海提出“建设卫生强市，构建医疗高地”的目标，先后出台了《珠海市构建医疗卫生高地行动计划（2016—2018）》、《引进高层次卫生人才管理办法》等政策文件，全力落实高层次卫生人才政策，计划引进和培养一批省级医学领军人才和杰出青年医学人才，并着力通过加强规范化培训、制定优惠政策、提高基层医疗单位技术人员待遇等手段，优化医疗卫生队伍结构。同时，为进一步优化医疗卫生资源配置和管理，珠海放开审批限制，加快发展社会办医，鼓励公立医院高年资骨干医师进入社会办医行业，并为民营医疗机构预留发展空间，加大对社区卫生服务中心的监管、考核和投入。2016 年底，珠海成功入选首批全国健康城市建设试点。

据相关数据统计，珠海 2016 年每千人口执业（助理）医师数达 3.48 人，指标得分为 9.94，相比 2015 年上升 3.9%，指标发展等级为优秀；每万人口全科医生数达 2.39 人，指标得分为 5.98，同比提升了 37.4%，指标发展等级为待合格。该数据反映出，随着珠海医疗人才引进计划的落实，其医疗卫生队伍日益壮大，但面向基层的全科医生资源仍较为紧缺。

通过分析珠海城市医疗资源空间分布结果显示，现阶段珠海大部分医疗资源集中分布在香

---

❶ 郑人豪 . 2017 年珠海市政府工作报告 [R]. 珠海：珠海市人民政府，2017.

❷ 深圳市教育局 . 深圳市教育工作 2016 年总结 [EB/OL]. http：// www.szeb.edu.cn/ xxgk/ flzy/ ghjh2/jhzj/201703/t20170320_6077735.htm.

洲区，形成以香洲区为中心向外逐渐递减的格局，西部地区的医疗资源尚不能满足居民的需求。

与墨尔本、新加坡等国外医疗服务水平较高的城市相比，珠海基层医疗卫生机构运行体制尚不完善、全科医生资源紧缺、医疗资源不均衡等问题较为突出。从新加坡医疗体系发展经验来看，新加坡实行公立医院管办分开，医院具有招聘人才、设计薪酬、调配资源等经营自主权，鼓励医院之间的竞争，且重视对其他国家先进管理经验的借鉴吸纳，其专业医师出国学习考察的机会十分普遍[1]。珠海在发展医疗卫生事业方面应更加注重对医疗资源配置的宏观调控，坚持以政府为主导、兼顾公立和民营医疗机构协同发展，通过医疗、医保、价格、财政等政策联动，推进公立医院改革及多元办医格局的形成，借鉴新加坡的经验，对医疗卫生体系进行优化完善。

4.5.3 养老服务体系加速发展

满足老年人多样化的养老服务需求是保障和改善民生的重要举措。为适应人口老龄化趋势，珠海 2016 年把养老服务作为建设和谐社会的重点工作，并将加快养老事业发展列为市人大 1 号议案，不断创新社会养老服务模式，大力开展社区居家养老服务试点工作，推动养老服务机构提质增效。2016 年 12 月 1 日起，《珠海市基本医疗保险家庭病床管理办法》正式实施，将家庭病床纳入基本医疗保险体系，市民在家治疗也能享受由医保基金报销 70% 的医疗保障。这项新政的实施，开启了珠海新的医疗服务模式，同时有利于推动珠海养老事业尤其是居家养老服务产业的发展。

珠海 2016 年居家和社区养老服务覆盖率实现 100%，指标得分为 10.00，与 2015 年持平，指标发展等级为优秀。现有各级各类养老机构 24 家，每百名老年人口拥有养老床位数为 2.39 张，指标得分为 5.33，指标发展等级为待合格，反映出珠海已为老年人提供了覆盖广泛的居家和社区养老服务，但专业化养老服务设施建设有待加强。

对比国际先进城市的发展经验，珠海养老机构仍存在总数较少、人才短缺、床位结构不合理、服务功能不完善等问题，主城区养老床位需求压力大，镇级公办养老机构床位空置率高。助养与护理型养老床位“一床难求”，而部分传统型养老机构床位空置率高[2]。但值得关注的是，珠海率先在广东省开展了养老服务标准化建设工作，发布了珠海市《机构养老服务等级评定》、《社区养老服务等级评定》及《居家养老服务等级评定》三项地方标准，为市民群众判别养老服务机构的服务质量提供了规范标准。

4.5.4 文体设施全面覆盖便捷可达

丰富多样、布局合理的文体设施能够显著改善居民的生活品质。为提升公共文体服务效

---

❶ 张红梅 . 新加坡医疗保障体系的特点及启示 [J]. 全科护理，2015，13（21）：2076-2077.

❷ 张恺悌，罗晓晖 . 新加坡养老 [M]. 北京：中国社会出版社，2010.

能，珠海不断加大财政投入，着力完善基本公共文化体育服务体系，先后将社区文化中心、社区体育公园、农家书屋建设、市民艺术中心列入政府工作报告“十件民生实事”，积极推进建设珠海歌剧院、博物馆新馆、珠海城市规划展览馆等城市地标式文化设施，基本形成市、区、镇、村四级公共文化体育设施网络。

截至 2016 年底，珠海建成区级以上公共图书馆 3 个、文化馆 4 个、镇街综合文化站 24 个，建成村居文化中心 312 个、数字农家书屋 316 个，实现了村居文化场所全覆盖，完成 165 个社区体育公园的建设，实现了“一社区一公园”。其中，公益性图书馆、博物馆、纪念馆、美术馆、文化馆（站）、体育场（馆）、青少年宫、工人文化宫等场所的十分钟公共文体服务圈覆盖率达到 33.60%，指标得分为 3.36，指标发展等级为待合格。人均体育活动场地面积为 4.08 平方米 / 人，指标得分为 6.80，相比 2015 年提升 6.0%，指标发展等级为合格，反映出珠海基本完成了“十分钟文体圈”建设，建立了覆盖城乡的公共文化体育服务设施网络，但区级以上文化体育场馆数量较少，仍需进一步加大文体设施建设力度。

目前，珠海的公共文体设施覆盖率和可达性在国内已经处于较为领先的水平。深圳强调各类公共资源在空间配置上的合理性以及公共文体服务的公益性、均等性、基本性、便利性，不断完善公共文化服务政策和标准，规划到 2020 年实现“十分钟文化圈”建设[1]。珠海今后应在完善公共文体设施网络的基础上，不断丰富公共文化服务的新内容，提升服务质量，更好地保障人民群众的基本文化权益。值得关注的是，珠海在 2016 年大胆探索公共文化服务新模式，实现了城市图书馆资源互通和公共阅览模式的创新——在金湾区试点完成区图书馆和市图书馆的总分馆服务模式，同辖区高校图书馆建成馆际联盟，并通过政府购买服务方式在公共文化场馆设立社区书店，创新性地推出新书借阅公共文化服务项目等。

• 珠海经验 8

图 4-21　珠海市社区体育公园

[1] 深圳市文体旅游局，深圳市公共文化服务体系建设规划（2013—2015）[EB/OL]. http：//www.sz.gov.cn/wtlyjnew/xxgk/ghjh/zxgh/201412/t20141203_2743530.htm.

·活力之城——珠海全民健身网络

为满足人民群众日益增长的多元化健身休闲需求，珠海致力于打造运行有效、结构合理的全民健身网络，不断加强公共体育设施及场地建设，积极开展全民健身活动，将社区体育公园（见图4-21）与绿道网、慢行系统连接起来，构成以“点、线、面”相结合的绿色低碳立体全民健身网络,基本实现了城市社区“十分钟健身圈”及乡村“十里体育圈”。2016年珠海国民体质监测合格率达93%，全民健身指导队伍不断壮大，全年共培训了860名社会体育指导员。

珠海结合城市更新改造率先探索社区体育公园建设模式，自2012年起，连续五年将社区体育公园建设列入政府十件民生实事。截至2016年底，建成社区体育公园165个，基本实现了社区体育公园全覆盖。珠海先后发布了《珠海市体育发展“十三五”系列规划》、《珠海市全民健身实施计划（2016—2020）》，结合全民健身基本公共服务补短板要求，不断完善公共体育场地设施建设，持续加强全民健身设施建设，积极推动各级各类公共体育场馆免费（低收费）开放，并广泛开展全民健身活动。珠海市民健身运动会每年举办一届，设有篮球、乒乓球、羽毛球、足球、网球等48项比赛，带动了全体市民参与体育运动的积极性。在办好市民健身运动会的同时，珠海还大力推动校园足球建设、落实体育产业政策、举办高水平赛事等多方面的工作，打造具有海滨、滨江、山地户外、海岛等特色的健身休闲产业项目群。

4.5.5 智慧城市基础设施加速建设

“以人为本、智慧服务”是珠海智慧城市建设的目标定位。为全面落实智慧城市决策部署，珠海不断夯实智慧基础设施，加强信息技术在城市发展各领域的深入应用。2016年，珠海出台了《信息基础设施建设三年行动计划》，建成了智慧珠海云计算中心，深化城市无线WiFi热点覆盖，完成了医疗“一卡通”、智慧教育“云课堂”、幸福村居等一系列项目的建设，建成了交通信息综合服务平台、道路内电子泊车系统和智能交通示范工程，并开展了智慧社区建设试点工作。其中，《低碳城市智慧交通协同管控关键技术研究与应用示范项目》获上海市科学技术三等奖，并在珠海香洲区、横琴新区实现了技术应用示范，有效降低了城市管理成本，提高了出行效率。

信息基础设施的完善促进了城市管理和服务水平的提升。为提高政务服务质量与实效，珠海在推进政府信息化应用方面做了大量工作，包括配合省政府承建12345热线、网上办事大厅；围绕企业共享建成公共信用信息管理系统、商事主体登记许可及信用信息公示平台；基于拱北海关和珠海出入境检验检疫局的数据共享与交换，建成珠海电子口岸基础数据交换平台。

2016年，珠海成功入选全国智慧城市50强，光纤入户率85%，排名广东省第二。网上办事大厅荣获中国“互联网+政务”优秀实践案例50强，目前已完成481个公共场所免费 WiFi 接入服务点的建设，公共场所免费无线网覆盖率达到 67.70%，指标得分为 6.77，指标发展等级为合格，与 2015 年相比提升了 420.8%，反映出珠海城市智慧服务得到大力发展，信息基础设施建设初具规模。珠海社会事务服务事项网上办理率达到 100%，指标得分为 10.00，与 2015 年持平，指标发展等级为优秀。该数据反映出，随着珠海政府信息化建设日益完善，极大地提高了全市政务管理与公共服务水平，推动了珠海服务型政府的打造。

虽然珠海电子政务服务水平在国内较为领先，但与巴塞罗那、新加坡等智慧化程度较高的地区相比，其智慧服务运作模式较为单一，教育、文化、旅游、民生等方面的智慧应用开发不足，公共场所免费无线网覆盖率相对较低[1]。巴塞罗那建设紧凑型新型智慧城市的经验包括开启全市无障碍互访模式、大量的实时数据交互、城市智能服务平台、免费 WiFi 服务全市覆盖等[2]。新加坡的成功经验包括"一站式"网上办公、以公民为中心和三维虚拟社区，已实现可行的电子服务 100% 上网，300 项电子服务可用手机办理，市民只需单一身份验证和密码即可办理各项政府事务[3]。相比之下，珠海城市维度的信息化体系建设仍需加强，需进一步挖掘各项数据与平台的共享共建，推动信息化建设从业务管理走向服务创新。珠海可借鉴新加坡的经验，促进跨部门的政府服务与资源整合共享，加强公众、企业与政府的互动。

• 珠海经验 9

· 智慧服务再升级——推进"互联网 + 政务服务"

图 4-22　珠海市网上办事大厅页面图

❶ 王广斌，崔庆宏 . 欧洲智慧城市建设案例研究：内容、问题及启示 [J]. 中国科技论坛，2013,1（7）: 123-128.

❷ 杨琳 . 巴塞罗那——智慧欧洲之花 [J]. 中国信息界，2014（2）: 56-59.

❸ 杨红艳 ."智慧城市"的建设策略：对全球优秀实践的分析与思考 [J]. 电子政务，2012（1）: 81-88.

为深化简政放权、进一步优化政务环境和营商环境，珠海加快推进“互联网+政务服务”工作，提升政务服务智慧化水平，打造透明高效的服务型政府。通过大力推行“一门式一网式”政务服务、拓展手机办事应用、企业专属网页和市民个人网页应用等举措，推进线上线下深度融合，为市民和企业提供更加高效的政务服务。2016年，珠海政务服务环境进一步优化，网上办事大厅（见图4-22）建设全广东省领先，珠海公共资源“一平台”交易模式辐射全广东省，“12345”市民服务热线获得“2016年度中国政府与公用事业行业最佳客户联络中心奖”，珠海政务服务再上新台阶。

珠海成立了“互联网+政务服务”改革领导小组，明确了各部门在改革工作中的职责分工和具体要求，大力推动实体政务大厅与网上服务平台融合发展。在具体工作中，一方面将实体办事大厅分散的窗口整合为综合服务窗口及网上统一申办受理平台，实现“前台综合受理、后台分类审批、统一窗口出件”的服务模式；另一方面不断完善市民个人网页和企业专属网页，拓宽网上办事大厅、移动客户端、自助终端等应用，同时开展编制政务服务大数据库，供各部门调用共享，并与珠海网上办事大厅等平台对接，促进跨区域、跨部门信息共享。

4.6 社会平安和谐水平评价

ASSESSMENTS OF PEACEFUL AND HARMONIOUS SOCIETY

社会环境是人们生活、交往和与各种社会关系相联系的载体。为保障市民拥有高品质的社会生活，城市应为人们提供平安、稳定、和谐的社会环境，包括市民幸福平安、公众参与、志愿服务等，也包括安全防灾、住房保障和社会保障等体系的积极建设（图4-23）。

图4-23 珠海市住房建设实景

珠海 2015 年、2016 年社会平安和谐指数评估结果显示（见图 4-24），珠海 2016 年社会平安和谐指数为 72.83，与 2015 年（72.57）基本持平，相比 2020 年发展目标（87.82）仍相差 17.1%，单领域综合发展等级为良好，反映出在珠海市各级政府部门、社会组织、群众团体以及志愿机构的共同努力下，已为市民营造了一个较为稳定的平安和谐社会环境，但距离实现质量高、覆盖面广、保障性强的社会体系建设目标仍有提升空间。

在社会平安和谐领域内部（见图 4-24），各指标 2016 年得分相比 2015 年的变化幅度为 -9.8% ~ 2.5%（无障碍设施满意度不纳入对比），可见社会平安和谐指数虽保持稳定，但领域内部各指标呈差异化发展态势。其中，年度变化幅度最大的是住房价格收入比，2016 年指标得分相比 2015 年下降 9.8%，从一定程度上反映出珠海房地产市场价格与居民收入之间的差距呈扩大之势，亟须政府出台有效政策措施保持房价稳定、保障市民的住房需求。政务环境满意度相比 2015 年上升 2.5%，反映出珠海政府在政务服务的效率、态度、公正、廉洁、公开等方面工作都有所加强，积极向实现“全方位服务型政府”迈进。

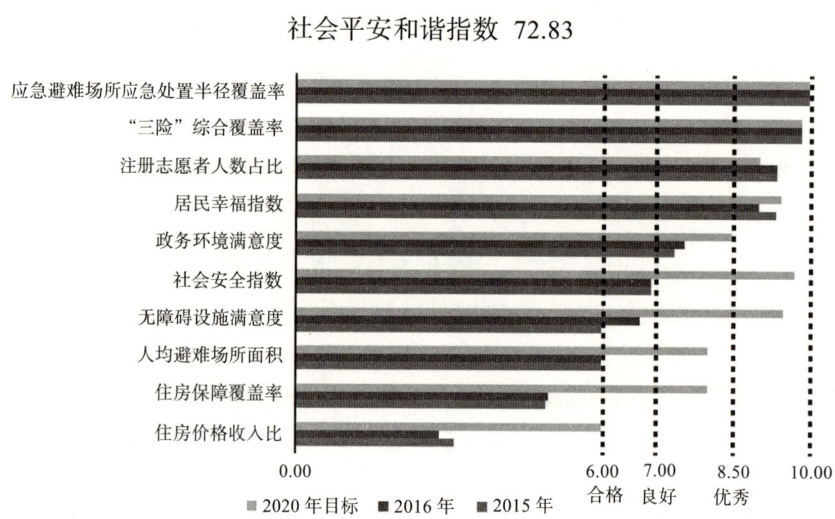

图 4-24　珠海 2015 年、2016 年社会平安和谐指数评估结果[1]

从单领域发展水平来看，社会平安和谐领域内部发展等级为优秀、良好、合格、待合格的指标比例为 4∶1∶3∶2。其中，达到优秀或良好等级的指标主要涉及社会保障、志愿服务、应急避险、公众参与以及居民幸福感方面，而关于城市住房保障方面的两个指标——住房保障覆盖率和住房价格收入比均处于待合格等级，与单个指标的年度变化总体相吻合。社会平安和谐指数评估总体反映出珠海现阶段构建平安和谐社会的关键在于提升全社会的住房保障水平，为市民创造一个既能维护社会关系融洽，又能保障生命财产安全，还能满足基本住房需求的社会环境。

[1] 人均避难场所面积因缺乏室外避难场所数据，故 2015 年、2016 年指标宜居指数均按 6.00 计算；无障碍设施满意度为本《指标体系》的特色指标，2016 年第一次进行指标社会调研，故 2015 年指标宜居指数按 6.00 计算。

4.6.1 政务环境优良志愿服务踊跃

珠海多年来积极调动政府、社会、公众力量，围绕打造友好、有活力的参与式社会，着力为市民构建和谐稳定的社会环境、公平正义的法治环境以及优质高效的服务环境。特别是2016年，珠海以打造服务型政府为目标，以“创新珠海特色，提升服务品质”为核心，充分调动各级政府部门推进政务服务改革创新，大力开展了“一门服务、一网办事、一平台交易、一号受理”系列工作，致力于实现政务服务更加便民、亲民和公众建言献策渠道更加通畅。珠海还通过鼓励引导各类社会组织、群众团体以及志愿机构不断提升扩大城市发展过程中的市民参与度，提高全社会的服务水平。2016年，在延续传统志愿服务活动的基础上，珠海通过积极打造党员志愿服务、朝阳行动、阳光助残、邻里计划等新的志愿服务品牌项目，促进社会氛围呈现积极向上、融洽和谐的态势。

据广东省省情调查研究中心数据显示[1]，珠海2016年度政府公共服务总体满意度为72.8，位居广东省第八位。政务环境满意度为75.2，指标得分为7.52，相比2015年上升2.5%，指标发展等级为良好，可见珠海政府部门已从政务公开、依法行政、司法公正、政府廉洁、办事效率、服务水平以及服务态度等方面为市民提供了较为满意的政务参与环境。

在调动社会、民众力量参与志愿服务方面，珠海2016年注册志愿者人数占比达18.65%，在2014—2016年期间以13.5%的年均速度增长，指标得分为9.33，指标发展等级为优秀。注册志愿者人均参与志愿服务时数62小时，同比增长了1.0%，反映出随着志愿者队伍的快速壮大和服务方式的完善，珠海志愿服务正向服务时长的增加和服务质量的提升转变，市民对城市的归属感和对政府的信赖度日渐增强。

珠海作为2014年广东省政务环境满意度全省第一的城市，2016年网上办事大厅被评为广东省“电子政务优秀案例”和“‘互联网+政务’优秀实践案例50强”，也都反映出珠海一直在升级优化政府服务质量与水平、扩大公众参与社会发展的深度与广度。但市民对于政府各项工作的要求也在与时俱进，珠海仍需根据国家“放、管、服”改革要求，借鉴先进城市经验，持续深化政务服务改革、优化公共服务体系以及发挥志愿服务力量，积极为市民营造开放的参与式社会环境。

4.6.2 市民生活幸福和谐

幸福是居民对个人生活质量和状态的综合感受，是社会氛围融洽和谐的体现。早在2011年，珠海就确定以“率先转型升级、建设幸福珠海”为城市发展主旋律，从改善生态环境、维护社会公平正义、加强社会治安、保障人民权益以及满足人民群众文化需求等方面引领城市文明风尚。进入2016年，珠海将幸福城市建设工作进一步落实到家庭、儿童、妇女、

[1] 广东省省情调查研究中心综合调研室．2016年广东省地方服务型政府建设系列调研报告[R]. 2017.

老人以及村居等更具体的层面，举办了第二届幸福“家”年华系列活动，创办了“幸福·她”首届珠海妇女儿童家庭创新公益项目大赛，开展了老干部十佳“时代老人”评选活动，推进幸福家庭创建工作，深化幸福村居建设工作，并策划了多个关注民生的广播电视节目等，引导增强市民幸福感。

珠海居民幸福感社会调研结果显示（见图 4-25），珠海 2016 年居民幸福指数为 76.38，指标得分为 8.99，虽相比 2015 年下降 3.5%，但指标发展等级仍处于优秀，反映出珠海居民对其生活质量和幸福感状态的满意度较高。从具体评价分项来看，珠海居民对精神生活和生态环境方面的满意度最高，接近 80 分，对社会环境、个人发展、生活质量和政府服务方面的满意度尚可，在 60 ～ 70 分之间，而对社会公平方面的满意度相对偏低。总体来看珠海现阶段的人文环境、娱乐氛围、自然生态等方面能较好地满足人们的需求，但是在社会成果分配、民意诉求表达、民主决策参与、选举权力保障、司法公正等方面仍需提升。

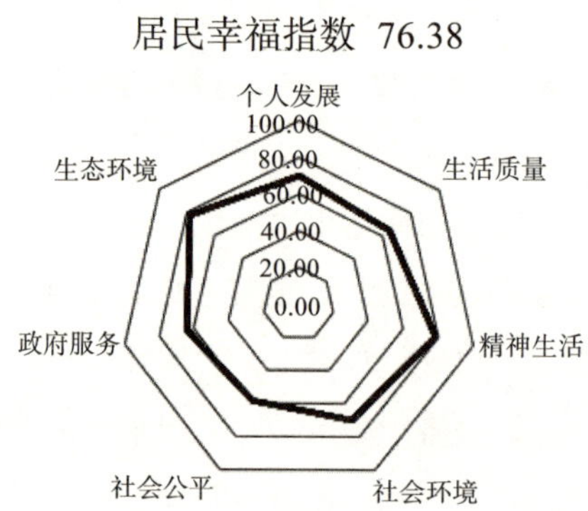

图 4-25　珠海 2016 年居民幸福感社会调研结果

珠海在 2007 年、2011 年、2014 年、2015 年、2016 年五次入选“中国最具幸福感城市”，在 2015 年底荣登西南交通大学国际老龄科学研究院发布的“退休版城市幸福指数”（即“大中城市退休生活质量指数”）榜首。总体上，珠海在打造幸福城市方面已为市民营造了一个能够实现生活事业满足感、心态情绪快乐感、人际关系价值感的社会环境，但未来还需重点提升社会公平方面的服务质量水平。

4.6.3　城市安全防灾创新建设

打造平安和谐的社会环境有赖于优质的城市安全系统、规范化的应急避险设施以及强有力的安全防灾举措以及各系统间的协调配合。珠海作为全国公安改革 4 个综合试点城市之一，2016 年围绕社会治安、交通安全、生活安全、安全生产、应急避险等方面开展了大量工作，切实提升了城市的安全防灾能力。具体来说，进一步优化完善了城市安全防灾政策体系，包括修订出台了《珠海经济特区安全生产条例》《关于加强社会治安防控体系建设工作的实施方案（2016—2020）》等文件，大力开展了城市安全防灾基础设施建设，包括在全市 24 个镇街及5个园区全部设置安监站、加大路政管理力度、推动多个公共人防工程建设等在纵深推进“平安珠海”软环境建设方面，通过构建立体化治安防控体系，重点提升公安队伍科技引领治安防控能力，推进法治公安建设，开展生命安全教育培训，实施包括“扫黄打非”、“雷霆”行动、农村食品安全“净流”等专项整治行动等，全面系统推进。

珠海2016年社会安全指数为62.00，指标得分为6.89，指标发展等级为合格。其中，全市交通事故宗数同比下降了3.32%、火灾事故宗数同比下降了35.8%、刑事发案同比下降了28.7%、违法犯罪警情同比下降了31.23%。应急避难场所应急处置半径覆盖率为100%，指标得分为10.00，指标发展等级为优秀。室内人均避难场所面积为0.795m^2，相比2015年增加6.3%。从指标来看，珠海的城市安全、危险防范、自然防灾能力均有一定程度的增强，但距离建成全方位、安全感强的平安城市仍有一定的提升空间。

珠海在全国首创以镇街为单位每天监督城市违法、消防、交通警情，并面向全社会发布“平安指数”。跟踪全年监测结果，得到珠海2016年平安指数为91.06，相比2015年上升4.5%，全市全年平安状况处于良好等级。珠海城市内部安全程度不均衡，如人流量最为密集、人员活动频繁的区域——拱北街道平安指数（67.10）远低于全市平均值，是城市安全隐患的焦点。而南屏、前山、吉大街道和横琴镇的治安力度也还有提升空间。

珠海2016年被评为“珠三角地区安全感和满意度第一城市”、“全国安全生产监管监察系统先进集体”、“全国人民防空先进城市”，在平安城市创建方面硕果累累。为进一步提升安全水平，珠海可积极向“安全城市指数2015”全球排名第二的新加坡学习，重视城市认知感规划，鼓励创造舒适宜人的城市环境，致力于营造居民对城市和居住社区的安全感[1]。近年来，新加坡为进一步提高警方的办案能力与效率，尤为重视研发“预测性警务”系统、应用警用无人机实现“天眼”监控以及通过“众包”机制发挥群众在侦破犯罪上的作用等。未来，珠海可积极加强“信息时代”打击犯罪的工作机制，整合大数据、高科技、互联网等多渠道资源，完善立体化社会治安防控体系，实现对城市安全防灾的高效、有效管控。

· 珠海经验10

· 筑起城市平安墙——珠海平安指数

作为全国公安改革4个综合试点城市之一，珠海近年来大力创新警务工作，推出了“志愿警察”、“村居警官”、“平安指数”等一系列社会化治理举措。

其中，“平安指数”由珠海市平安办、市公安局于2014年11月1日开始通过报纸、互联网、微信等平台联合发布，是全国首个以镇街为单位每天发布综合平安状况量化指数的地级市（见图4-26）。该指数以违法犯罪警情指数（占60%）、消防安全指数（占20%）、

[1] Belinda Yuen. Safety and Dwelling in Singapore[J]. Cities, 2004, 21 (1): 19-28.

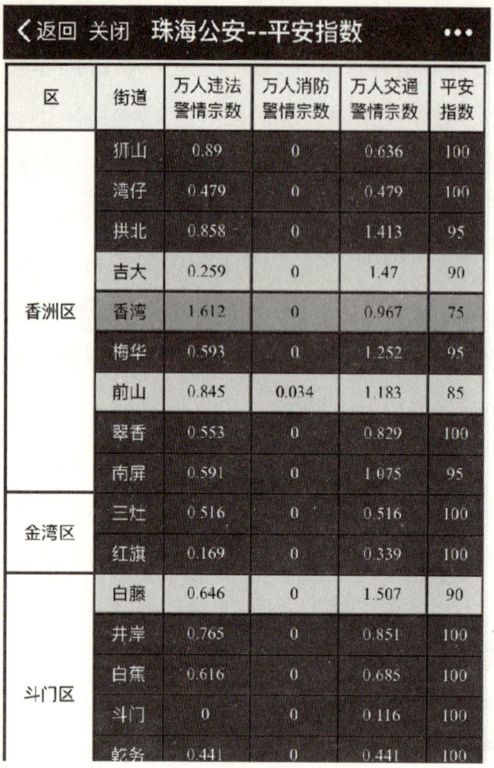

区	街道	万人违法警情宗数	万人消防警情宗数	万人交通警情宗数	平安指数
香洲区	狮山	0.89	0	0.636	100
	湾仔	0.479	0	0.479	100
	拱北	0.858	0	1.413	95
	吉大	0.259	0	1.47	90
	香湾	1.612	0	0.967	75
	梅华	0.593	0	1.252	95
	前山	0.845	0.034	1.183	85
	翠香	0.553	0	0.829	100
	南屏	0.591	0	1.075	95
金湾区	三灶	0.516	0	0.516	100
	红旗	0.169	0	0.339	100
斗门区	白藤	0.646	0	1.507	90
	井岸	0.765	0	0.851	100
	白蕉	0.616	0	0.685	100
	斗门	0	0	0.116	100
	乾务	0.441	0	0.441	100

图 4-26 珠海平安指数

交通安全指数（占 20%）为三项基本指标，对全市的 24 个镇街进行综合评分，按照“蓝、黄、橙、红”四级四色预警，4 种颜色分别代表优秀、良好、基本稳定、较差 4 种平安状况，可定时向公众发布城市平安状况结果。推出“平安指数”之后，珠海市平安办专门配套出台了一个以各区、镇街党委政府为主体和各相关职能部门共同参与，集研判、预警、督办、问责、考核于一体的“平安指数”工作机制。

“平安指数”对外的公布，让珠海市民更及时、更直观、更详细地了解自己生活、工作区域的社会平安状况。对于区域内发生频率较高的案件类型，“平安指数”也会有提醒，这也能让市民提前预判风险，满足了市民对一个城市平安状况的知情权。

4.6.4 社会保障基础良好

社会保障体系是居民的“安全网”，对促进社会和谐稳定发展具有重要意义。珠海自 1994 年建立“五险合一”体系以来，其社会保险事业一直处于国内领先水平。2016 年，珠海将社会保险的工作重点放在“提待遇、降费率、减负担、完善政策”方面，包括提高居民养老保险基础养老金，持续下调失业、生育、工伤保险缴费费率，出台了《珠海市基本医疗保险办法》和《珠海市基本医疗保险家庭病床管理办法》等，在广东省率先实现了城乡居民和企业职工医疗保险待遇均等化。珠海 2016 年“三险”综合覆盖率为 98%，指标得分为 9.80，指标发展等级为优秀，可见珠海在基本社会保险方面实现了应保尽保，其社会保险事业已处于征缴扩面工作拐点。

与此同时，珠海同样重视老年人、儿童、残疾人等社会弱势群体的社会保障问题，2016 年通过继续实施残疾人“两项补贴”、提高高龄津贴标准、建立事实无人抚养儿童生活津贴制度、提升残疾人康复水平、加大职业培训力度、促进残疾人就业、实现残疾学生教育生活补助“全覆盖和大提标”、完善重度残疾人托养和居家安养服务以及加快无障碍设施环境建设等措施，全面提升保障水平。

珠海无障碍设施满意度社会调研结果显示（见图 4-27），珠海 2016 年无障碍设施满意度为 60.00，指标得分为 6.67，指标发展等级为合格。其中，针对调研的 13 项无障碍设施，受访者对无障碍厕所、盲道、坡道的满意度略高于其他设施，而对于无障碍停车位的满意度最低，反映出珠海虽在城市内部广泛开展了无障碍设施建设，但因在实际使用过程中存在诸如盲道不连贯或被占用、坡道过窄或过陡、无障碍设施标识不明显等问题，在实际运营工作中也存在设计不规范、维护不及时、宣传力度不足等问题，导致城市无障碍设施人性化不足，影响使用者的实际使用效果与感受。

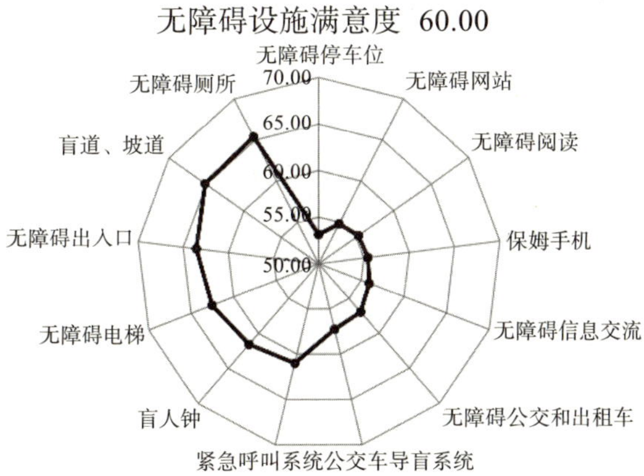

图 4-27　珠海 2016 年无障碍设施满意度社会调研结果

总体上，得益于珠海各项社会保障措施的逐步落实，已为包括残疾人、儿童、老年人等弱势群体在内的全体居民提供了基本满足需求的社会保险和社会福利，但随着人们生活水平的提高，对各项社会保障工作也提出了更为丰富的人性化要求。在社会保险方面，对比我国“好社保之都”——深圳，珠海在医疗保险支付方式改革等方面仍有一定提升空间。在社会福利方面，对比新加坡以满足残疾人、老年人的使用需求为前提，通过建设系统连续性好、标识清晰、设施设置合理、颜色及铺装运用得当的无障碍设施，营造了系统、精致、和谐的无障碍环境[1,2]。珠海应更重视实际使用者的需求，在无障碍设施规划设计、更新改造以及实际施工过程中纳入更多人性化的考量，同时加大无障碍设施的宣传力度和提高设施的易用性，推动社会平等公正和健康发展。

4.6.5　房价总体偏高住房保障亟待完善

住房问题关系到千家万户的安居乐业，也与整个社会的和谐繁荣息息相关。近年来，围绕实现“住有所居”目标，珠海从住房供应、管理和保障等方面开展了大量工作。在

❶ 张晓，李朝阳，苗君强 . 城市生活空间的人性化和通用化设计思辨——新加坡城市生活空间无障碍设计及启示 [J]. 现代城市研究，2014（12）：19-24.

❷ 白亮盛，张晓，李朝等 . 无障碍出行新加坡 [J]. 中国公路，2016（20）：58-61.

住房供应和管理方面，珠海 2016 年楼市经历了“4 月全面取消限购”到“10 月重启限购限贷”的政策转变，实施了史上最严的“限购、限贷、价格备案”措施，并强调房地产、物业公司信用信息诚信约束，致力于维护市民的合法权益。在住房保障方面，珠海 2016 年重点从扩大住房保障范围、灵活保障方式和提高保障标准三大方面切实推进了相关工作，出台了《珠海市公共租赁住房管理办法实施细则》《珠海市住房保障专项规划（2014—2020 年）》，制定出台了《珠海市引进高校教职工共有产权住房实施指引（试行）》，探索新型高校教职工住房保障方式，并积极研究发放青年大学生租房补贴政策可行性，致力于构建以公共租赁住房为主体的“保基本、多层次、宽覆盖、能循环、可持续”的特色新型住房保障体系。

从珠海 2005—2016 年期间房价走势图（见图 4-28）可发现，尽管实施了高强度的房价控制措施，但珠海历年房价仍高于全国和广东省平均水平，稍低于厦门、深圳等国内旅游沿海城市。其中，珠海 2016 年房价相比 2014 年、2015 年相继上涨 29.0% 和 10.4%，入榜全国房价前十；住房价格收入比为 13.62，相比 2015 年上升 9.8%，指标得分为 2.76，指标发展等级为待合格。从一定程度上反映出珠海房价已超出本地人的正常购买力，其购房市场更多的是外地投资客，房地产市场健康运行压力较大。

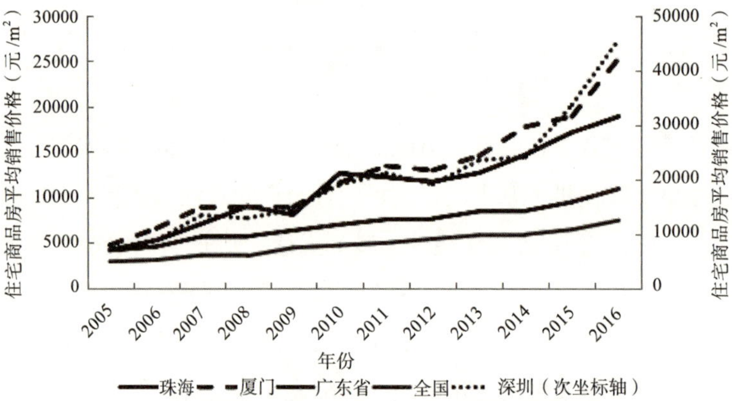

图 4-28　2005—2016 年期间房价走势图

在住房价格高企的背景下，加大保障性住房供给是国际城市公认的有效措施。珠海 2011—2016 年期间完成了 1.74 万套保障性住房建设和棚户区改造任务，超额完成了广东省指标；2016 年保障性住房覆盖率为 24.40%，指标得分为 4.88，相比 2015 年上升 0.8%，指标发展等级为待合格，反映出珠海住房保障水平虽高于全国以及广东省平均水平，但距离通过保障性住房缓解房价压力仍有一定差距。

基于珠海 2016 年全市住房价格满意度大数据分析，其东西城区房价差异较大，香洲区整体房价高于斗门区和金湾区。其中，香洲区内房价最高的是横琴镇，几乎达 50000 元 /m^2；房价最低的位于前山街道办内，约 6500 元 /m^2；而斗门区和金湾区房价最高的是井岸镇，约达 30000 元 /m^2，较高的是三灶镇、斗门镇、乾务镇以及平沙镇、红旗镇的局部地区。随着珠海房价的逐年上涨，已然在城市内部形成房价“高地”，而且其溢出效应正带热周边区域。

整体上，珠海因其舒适宜人的自然环境和珠江口西岸核心城市的地理位置优势，在港珠澳大桥即将通车、横琴自贸区挂牌、粤港澳大湾区协同发展等利好因素的持续发酵作用下，以及在我国民间资本投资渠道不畅、投资范围狭窄的社会背景下，其房地产行业备受投资市场青睐，推动当地房价持续多年上涨。但基于当前珠海的经济实力和发展阶段，高房价或将过早、过度地透支其未来的发展前景，打乱其既定的城市发展和产业发展路径，甚至影响城市竞争力和可持续发展力。

与国际城市相比，新加坡、维也纳、温哥华、巴塞罗那、哥本哈根、墨尔本、圣迭戈、鹿特丹等城市 2016 年住房价格收入比依次为 21.63、13.68、13.12、11.78、8.30、7.61、5.83、5.83，除巴塞罗那和哥本哈根之外，上述城市的住房价格收入比同比下降了 18.2% ~ 6.6%，这与国际城市近年来执行的强硬房价调控措施有直接相关性。如新加坡坚持由政府主导公共住宅的开发与建设，从土地资源控制、公积金制度、公有住宅配售政策、法律保障以及精心规划设计等多个层面牢牢抓住房地产市场主动权，在全社会供应保障性住房比例达八成以上[1]。美国联邦法律规定住房政策的着力点和住房管理部门的主要任务是帮助低收入家庭解决住房问题[2]。与之相比，珠海现阶段住房政策的多样性和层次性较为局限，常用手段为限贷、限购、价格备案、加大保障性住房供应等，亟须出台更为明确、精细、强有力的住房政策，真正实现“居有所住”。另外，面对国内热点城市房价脱离现实的涨幅，2016 年底的中央经济工作会议从国家层面提出“房子是用来住的，不是用来炒的”的定位，强调让住房回归其居住属性，这或将从全国层面推动房地产市场回归健康平稳发展。

4.7 经济低碳创新水平评价

ASSESSMENTS OF LOW-CARBON AND INNOVATIVE ECONOMY

具有竞争力的经济应是发展方式因地制宜、资源节约环境友好、经济创新动力充沛、民间活力充分培育挖掘、营商环境公平开放包容，同时能够充分保障就业、具有就业创业吸引力、经济成果为最大多数的市民共享（图 4-29）。

珠海 2015 年、2016 年经济低碳创新指数评估结果显示（见图 4-30），珠海 2016 年经济低碳创新指数为 76.85，与 2015 年（72.27）相比提升了 6.3%，相比 2020 年发展目标（86.25）仍相差 10.9%，单领域综合发展等级为良好，反映出珠海经济低碳创新领域呈现良好的增长趋势，已初步实现经济的绿色、低碳发展，并具备一定的区域特色和可持续增长的潜力。

[1] 郭伟伟．“居者有其屋”——独具特色的新加坡住房保障制度及启示 [J]. 当代世界与社会主义，2008（6）：162-167.

[2] 聂曙光，聂光宇．国外住房保障制度对我国的启示 [J]. 经济纵横，2007（5）：59-62.

图 4-29　珠海市国际展览中心

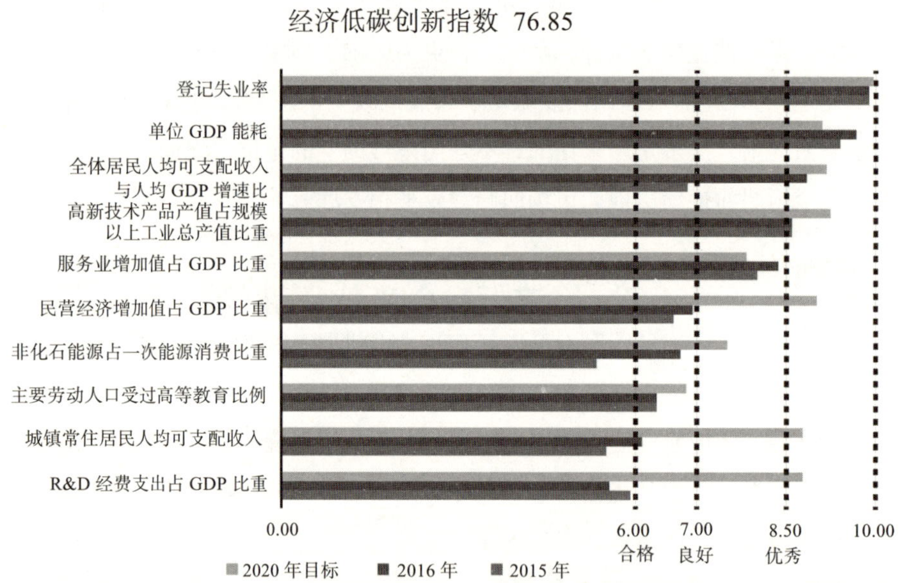

图 4-30　珠海 2015 年、2016 年经济低碳创新指数评估结果[1]

在经济低碳创新领域内部（见图 4-30），各指标 2016 年得分相比 2015 年的变化幅度为 -6.1% ~ 29.3%，可见领域内部各指标普遍呈上升态势。其中，全体居民人均可支配收入与人均 GDP 增速比指标得分上升 29.3%，首次实现了居民人均收入增速跑赢人均 GDP 增长，反映出珠海在推动居民收入增长方面成效明显。非化石能源占一次能源消费比重指标得分上

[1] 主要劳动人口受过高等教育比例指标测算频率一般为 5 年一次，故本研究中 2015 年宜居指数均为 2009 年水平 .

升 26.4%，单位 GDP 能耗指标得分上升 2.9%，体现了珠海在经济绿色发展、降低能耗水平上再获进步。

从单领域发展水平上看，经济低碳创新领域内部发展等级为优秀、良好、合格、待合格的指标比例为 4∶1∶4∶1。其中，涉及经济低碳绿色发展、区域经济特色的指标均为优秀或良好等级，而有关发展成果分配方面的指标发展尚不均衡，涉及城市创新能力方面的指标发展较为滞后，R&D 经费支出占 GDP 比重指标发展等级为待合格，表明珠海还需进一步加强创新投入，激发城市创新活力。

4.7.1 绿色低碳经济体系基本形成

自特区成立以来，珠海采取了不同于珠三角其他城市的差异化发展战略，坚持城市经济发展的绿色低碳探索，积极开发应用循环技术、零排放技术，提高工业园区集中供冷供热供电水平，大力推行清洁生产和循环经济，同时严格控制高耗能项目，强化新建项目节能管理。2016 年，市政府颁布了《珠海市能源发展“十三五”规划》及《珠海市绿色低碳发展“十三五”规划》，通过加快发展风电、光伏发电、天然气发电推动电力结构调整，加强发展可再生能源的政策扶持，加快新能源汽车推广示范应用。同时，以中欧低碳生态城市合作项目综合试点建设为契机，珠海打造了包括产业园区太阳能光伏发电应用项目、桂山海上风电和万山海岛新能源微电网示范项目、西部生态新城绿色建筑项目等在内的一批低碳生态示范项目。

从能源利用效率来看，珠海单位 GDP 能耗已从 2005 年的 0.659t 标准煤 / 万元下降至 2016 年的 0.368t 标准煤 / 万元，经济增长对能源的依赖程度不断降低。珠海 2016 年单位 GDP 能耗指标得分为 9.67，同比上升了 2.9%，指标发展等级为优秀，能耗水平和控制强度处于全国前列。

从能源利用结构来看，珠海 2016 年非化石能源占一次能源消费比重达到 13.4%，指标得分为 6.70，同比上升了 26.4%，指标发展等级为合格。同时，珠海已有 42 个可再生能源应用示范项目获得市级财政资金补贴，其中建成建筑光电应用示范项目国家级 12 个、省级 2 个，国家级示范项目在广东省专项统计中位列第一。

珠海非化石能源消费占比与国外低碳城市如哥本哈根、圣迭戈等相比尚处于初步探索阶段，未来能源结构进一步优化仍有较大空间。哥本哈根建设低碳城市的成功经验主要表现在实行绿色能源战略、制定碳中和目标、降低建筑能耗、推进低碳技术研发推广和非政府组织参与等方面[1]。与哥本哈根相比，珠海的可再生能源应用与节能等技术应用仍存在较大差距，今后可加快低碳技术应用步伐，提高低碳技术研发与创新投入水平，推进低碳技术产业化，应用能力从而将低碳发展转化为经济效益。

[1] 王岩 . 国外低碳城市建设模式与经验——以哥本哈根和东京为例 [J]. 现代商业，2016（5）：177-178.

·珠海经验 11

·经济可持续发展的基石——构建绿色低碳生态体系

珠海始终以绿色低碳发展为导向制定政策措施并推动其贯彻落实，根据《珠海市绿色低碳发展“十三五”规划》，至 2020 年，珠海将逐步建设成为产业高端、资源节约、环境优美、管理先进、人民幸福的绿色低碳城市（图 4-31）。

图 4-31　珠海市创意产业园示例

在资源利用和节约低碳方面，珠海主要通过提高资源利用效率和削减污染物、降低二氧化碳排放水平来推动能源利用结构更加清洁化和低碳化，努力保持环境质量优良。一方面，加强各项能源节约和能效提升工作，包括推进工业园区冷热电联产项目建设、产业集聚区集中供热、推广节能低碳技术和公共设施节能以及重点行业依法实施清洁生产审核等。另一方面，出台系列促进能源结构优化的措施，积极推广风电，建成高栏岛风电场，加快新能源汽车推广示范应用。

在产业发展方面，珠海逐步完善现代产业体系，产业结构高端化特征更加明显。一方面，加快发展高端制造业、高新技术产业，强化高端产业在珠海经济中的主体地位。目前，珠海市规模以上先进制造业和高技术制造业占比在珠江西岸城市中处于领先水平，并以现代物流、会展、金融、文化创意等重点产业为纽带，大力发展现代服务业，驱动经济发展绿色低碳转型和升级。另一方面，积极推动传统产业绿色转型，对传统高耗能高排放行业实施严格的产能增量控制，对现有存量逐步实施淘汰落后产能和产业梯度转移等“去产能”措施，深入挖掘行业节能潜力，推进循环经济、清洁生产等绿色改造措施。

4.7.2　产业结构高端化趋势明显

强化高端产业在经济体系中的主体地位是驱动珠海经济社会转型升级的重要途径。近年来，珠海大力推进“三高一特”现代产业发展，加快调整产业结构，工业呈现高端化发展态势。2016年，依托高新区的产业基础和品牌优势，珠海的集成电路、智能电网、移动互联网等高新技术产业实现快速发展，高新区的科技型和创新型企业增长速度较快，英诺赛科、云洲智能无人船研发测试基地、国机机器人科技园、金山软件园等一批科技含量高的项目已全面动工。同时，以高新技术企业培育为核心指标，珠海出台了《珠海市高新技术企业培育专项资金管理办法》，针对高新技术企业认定、高新技术产品开发、科技服务机构运营、知识产权申报等给予扶持，大力推进创新创业载体建设、科技金融扶持、高层次人才培育等各项工作，目前全市国家级科技企业孵化器达到6家。2016年，珠海成功入选“中国制造2025区域试点示范”。

珠海2016年高新技术产品产值占规模以上工业总产值比重达55.83%，指标得分为8.59，与2015年基本持平，指标发展等级为优秀。先进制造业增加值占比提升至50.4%，高于广东省平均水平。近年来珠海高新技术产值占比持续提升，2016年排名广东省第二，但与排名第一的深圳相比还存在不小的差距[1]。深圳市共有5525家（2015年）高新技术企业，位列广东省之首，高新技术产品产值占规模以上工业总产值比重为62%（2015年）。与之相比，珠海仍面临创新主体偏少、科技型企业研发能力不足、产业链不完善、科技服务体系有待加强等问题。

2016年，珠海被确立为首批创建“国家全域旅游示范区”城市，国家旅游局正式发函支持横琴建设国际休闲旅游岛。依托横琴粤港澳现代服务业聚集区，珠海大力发展总部经济、商务金融服务、会展等产业，完善拓展十字门商务区功能，积极推动珠海会展业增质提速，加快发展生产性服务业。珠海2016年服务业增加值占GDP比重达50.20%，指标得分为8.37，同比上升了4.6%，指标发展等级为良好，增长态势表现良好。

近几年，珠海服务业增加值占GDP比重稳步上升（见图4-32），排名广东省第三，仅次于广州（68.6%，2016年）和深圳（60.5%，2016年），但与国外服务业发达的城市如新加坡、首尔等相比还存在较大差距。凭借制度创新优势和区位优势，横琴吸引了一批金融、旅游、文创科技等高端服务业企业注册，但产业规模仍有待扩大。软件信息产业和会展业虽有一定基础，但集聚效应不明显，会展业的相关产业链仍未形成。从国际经验来看，通过以知识经济为特征的现代化服务业能使经济获得可持续的高速发展。如新加坡的成功在于推动先进制造业和现代化服务业双引擎及之间高水准的协同发展[2]，首尔提出的“高科技产业＋旅游业”新经济发展方向使资本密集型或知识密集型产业成为主导产业[3]。

---

[1] 王轲．珠海高企“攻坚战”[N]. 南方日报，2016-09-06.

[2] Wong P K，Ho Y P，Singh A. Singapore as an Innovative City in East Asia：An Explorative Study of the Perspectives of Innovative Industries[R]. World Bank Policy Research Working Paper，2005.

[3] 徐浩鸣．新加坡、首尔、香港现代服务业发展经验及对深圳的启示[J]. 特区经济，2013（4）：16-20.

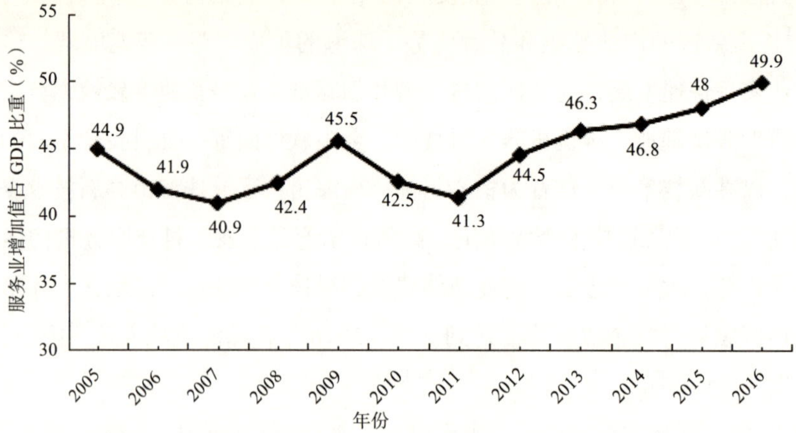

图 4-32　珠海 2005—2016 年服务业增加值占 GDP 比重

4.7.3　创新驱动能力水平有待提升

创新是珠海经济发展的核心动力。围绕创新驱动发展，珠海在优化营商环境、加强人才队伍建设、提升企业创新能力、建设新型研发机构等领域进行了一系列部署，形成了相对高端的产业结构，具有一定的创新活力和产业化能力。2016 年，珠海加快落实创新驱动发展“1+N”政策，支持组建产业技术创新联盟，大力发展新型研发机构，推行“互联网 +”和制造业升级。目前全市国家级科技企业孵化器达到 6 家，省级以上孵化器 11 家，新增新型研发机构 12 家。同时，珠海把民营经济工作摆在更加重要的位置，先后发布了《关于加快民营经济发展的若干措施》《珠海市民营经济发展“十三五”规划》，建成了珠海“政企云”公共服务平台，依托“四位一体”融资平台帮助民营企业获得贷款超过 7.3 亿元[1]。

珠海 2016 年 R&D 经费支出占 GDP 比重为 2.48%，指标得分为 5.51，同比下降了 6.1%，指标发展等级为待合格。与国内其他先进城市如深圳（4.1%，2016 年）及厦门（3.0%，2015 年）相比，珠海的研发投入强度没有优势。从创新产出水平上看，珠海 2016 年每万人发明专利拥有量达 32 件，同比增长了 45%，专利申请增长势头良好，但与国内创新城市的标杆深圳（80.1 件，2016 年）相比仍有较大差距。

珠海 2016 年民营经济增加值占 GDP 比重为 34.6%，指标得分为 6.92，与 2015 年相比提升了 4.8%，指标发展等级为合格。近年来，珠海民营经济对经济增长的贡献率不断提高（见图 4-33），2016 年民营经济增加值增速 12.3%，居广东省首位。全市规模以上工业企业中 30% 是民营企业，80% 的上市公司是民营企业。根据广东省工商联公布的 2016 广东省百强民营企业榜单，魅族、龙丰精密铜管、丽珠医药、金山软件 4 家企业上榜。其中，魅族和丽珠医药首次入选中国民营企业 500 强。

[1] 珠海市人民政府 . 关于加快民营经济发展的若干措施 [R]. 2016.

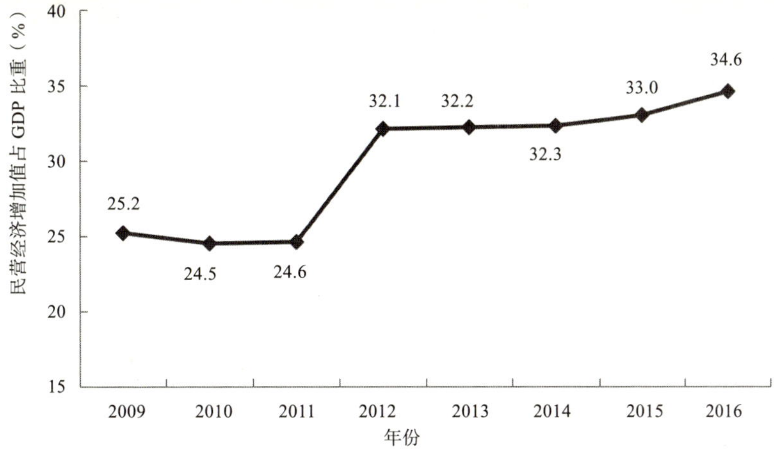

图 4-33 珠海 2009—2016 年民营经济增加值占 GDP 比重

总体来看，珠海创新驱动工作稳步推进、成效明显，但与国内外创新型城市相比，珠海在科研投入、人才基础、关联企业集聚度等方面还存在不少短板[1]。民营经济总体比较薄弱，总量不大、占比偏低，与广东省平均水平（53.4%，2015 年）差距较大。创新产业未形成完整的产业链，集聚效应不明显。经济总量小，影响珠海吸引集聚高端要素。创投活跃度不足，在完善创新生态方面还有很大的空间[2]。与深圳产研联系紧密、技术转化应用能力强、以创新企业为主导的城市创新模式，以及圣迭戈通过搭建区域创新网络推动由区域成员自发行为和政府政策共同驱动下形成的创新集群模式等相比较，珠海创新驱动基础还很薄弱，离区域科技创新中心仍有较大的距离。

值得一提的是，近年来珠海的城市创新能力正在持续提升，根据广东省社会科学院发布的《中国城市创新指数》，珠海创新指数排名全国第八[3]。珠海高新区荣获“广东省小微企业创业创新基地城市示范”称号，成为广东省唯一入选示范的高新区。这些成果与珠海地处珠三角核心区的区位优势和高校资源丰富密切相关，也得益于横琴自贸区、高新区等创新载体的快速发展。未来，珠海应进一步加大研发投入，通过构建国际化创新城市，实现“珠江西岸核心城市”的发展愿景。

4.7.4 创新创业人才引进仍需加强

知识经济时代人才是决定城市经济竞争力的重要资源。2016 年珠海的人才政策有较大突破，不断加大引智引技工作力度，优化人才创新创业环境，加强人才服务保障工作。修订出台了《珠海市留学人员创业资助资金管理办法》，创业初期费用补贴最高档次提高到 100 万元。作为首批试点城市之一，珠海在广东省率先实施外国人来华工作许可制度试点工作，

[1] 詹正茂，田蕾 . 新加坡创新型城市建设经验及其对中国的启示 [J]. 科学学研究，2011，29（4）：627-633.

[2] 周天勇，旷建伟 . 中国城市创新报告——城市创新蓝皮书 [M]. 北京：社会科学文献出版社，2016.

[3] 珠海市人民政府 . 珠海市实施创新驱动发展战略“十三五”规划 [R]. 2017.

进一步吸引海外高端人才就业创业。珠海自 2017 年全面实行人才优先引进落户制度，规定机关事业单位以外的用人单位从市外引进的高层次人才、留学回国人员、符合条件的大专以上学历人员等 10 类人才，可直接落户珠海。

2016 年珠海接收留学人员 300 人、国家“千人计划”专家 20 人，选拔国务院特殊津贴人员 3 人、市高层次人才累计 417 人。据人口调查数据显示，珠海主要劳动人口受过高等教育比例已从 2009 年的 21.90% 提升至 2016 年的 31.50%，增长率达 43.80%，指标得分为 6.30，指标发展等级为合格，反映出珠海人才队伍素质不断加强，人力资源的质量显著提高，随着珠海宜居宜业的人才环境持续优化，人才活力有望得到进一步激励和释放。

经济实力不断增强、经济发展方式转变及珠港澳区域开放合作等新形势为珠海就业创业孕育了新潜力。但与墨尔本、温哥华等国际城市相比，珠海国际要素的吸引和集聚能力有限，人才的总量和结构与创新驱动的要求还有较大距离[1]。这主要是受制于珠海经济体量较小，2016 年珠海 GDP 为 2226.37 亿元，在珠三角城市中排名倒数第二，尚不及中山、江门的经济总量。深圳近年来先后出台了引进海外高层次人才的“孔雀计划”、“人才安居工程”等一系列政策，从财政投入力度、释放市场活力和发挥用人主体积极性、优化人才服务等方面为各层次人才提供了全方位支持[2]。珠海可借鉴深圳的经验，加大创新人才引进与培育力度，不断优化城市的软硬环境，为创新型城市建设提供持续的动力和智力支持。

4.7.5 发展成果分配逐步优化

经济发展的根本目的是不断让人们过上幸福美好的生活。近年来珠海宏观经济稳定发展，政府着力统筹城乡就业、扩宽就业渠道、调整收入分配、加快社会保障制度建设，基本实现了居民收入增长与经济发展同步，经济发展成果分配日益优化，但居民收入水平还有待提高。

纵观珠海 2001—2016 年城镇（农村）常住居民人均可支配收入趋势图（见图 4-34），可发现随着人均 GDP 的逐年递增，珠海城镇、农村常住居民人均可支配收入均呈现逐年上升之势，并且城乡收入差距逐步缩小。据相关数据显示，珠海 2016 年城镇常住居民人均可支配收入达到了 4.25 万元，指标得分为 6.07，相比 2015 年提升 11.0%，指标发展等级为合格。全体居民人均可支配收入与人均 GDP 增速比为 1.06，指标得分为 8.83，相比 2015 年提升 29.3%，指标发展等级由合格迈入优秀。该数据体现出珠海城市经济社会在转型升级中呈平稳较快发展，城乡居民收入呈现稳健增长的态势，消费支出结构升级优化，人民生活水平稳步提高。

---

[1] 梅格·霍尔登，安迪·塞里. 意味深长：当宜居墨尔本遇上宜居温哥华 [J]. 国际城市规划，2016（5）：26-34.

[2] 王琳，赵鹏飞. 创新之城，人才高地——人才强市战略构筑深圳发展新优势 [N]. 人民日报（海外版），2016-05-25.

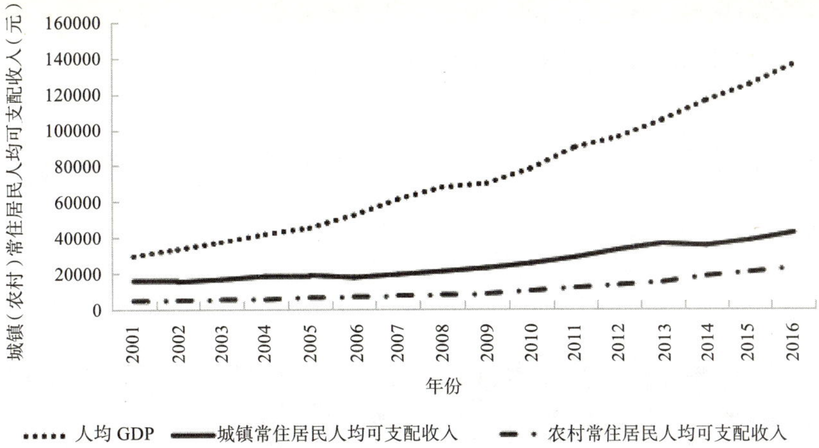

图 4-34　珠海 2001—2016 年城镇（农村）常住居民人均可支配收入趋势图

总体来看，珠海城乡居民收入增长的主要动力是城市就业稳定、薪资提高，居民工资性收入稳步增长。珠海 2016 年全体居民人均工资性收入为 30140 元，较上年增长 10.6%，占人均可支配收入的 75%，拉动居民收入增长 8.0%[1]。此外，社保待遇标准的持续也提高推动了转移性收入的较快增长。

珠海目前全体居民人均可支配收入在广东省 21 个地级以上城市中排名第五，城镇及农村常住居民人均可支配收入增速均大幅高于全省、全国水平，但与国外经济发达城市对比差距依然较大。新加坡 2015 年的人均国民收入为 5.51 万美元，人均国民收入增速与人均 GDP 增速比为 1.17，与之相比，珠海在提升居民收入与优化经济发展成果分配方面还有很大的提升空间。此外，珠海东西部及城乡之间的人均可支配收入差距较大，但随着产业结构的优化升级，珠海正在创造出更多的技术和管理岗位，中等收入阶层比重将不断扩大，为促进城乡居民收入稳定增长提供了有力支撑。未来，珠海应进一步深化收入分配制度改革、推出差别化收入分配激励政策，健全以税收、社会保障、转移支付为主要手段的再分配调节机制，带动城乡居民实现总体增收。

4.8　人文国际多元水平评价

ASSESSMENTS OF INTERNATIONAL AND DIVERSIFIED CULTURE

珠海城市文化应是丰富的、包容的、独特的，包括独具特性的经济、文化、对外交流等方面的开放度和包容性，以及对于自身文脉和地方传统的保护和延续，是保持和传承珠海城市个性化和人性化的主要因素和重要基础（图 4-35）。

珠海 2015 年、2016 年人文国际多元指数评估结果显示（见图 4-36），珠海 2016 年人文国际多元指数为 61.49，与 2015 年（63.62）基本持平，相比 2020 年发展目标（67.86）相差 9.4%，

[1] 国家统计局珠海调查队 .2016 年珠海各区居民收入稳步增长 [EB/OL]. http: //gjdc.zh. gd. gov.cn/dcxx_3925/201703/t20170317_147273.html.

处于城市综合发展合格等级。总体而言，珠海人文城市发展基础良好，国际多元化发展态势稳中有升，但开放型国际化城市环境仍需深化打造与创新发展提升。

图 4-35　珠海日月贝歌剧院

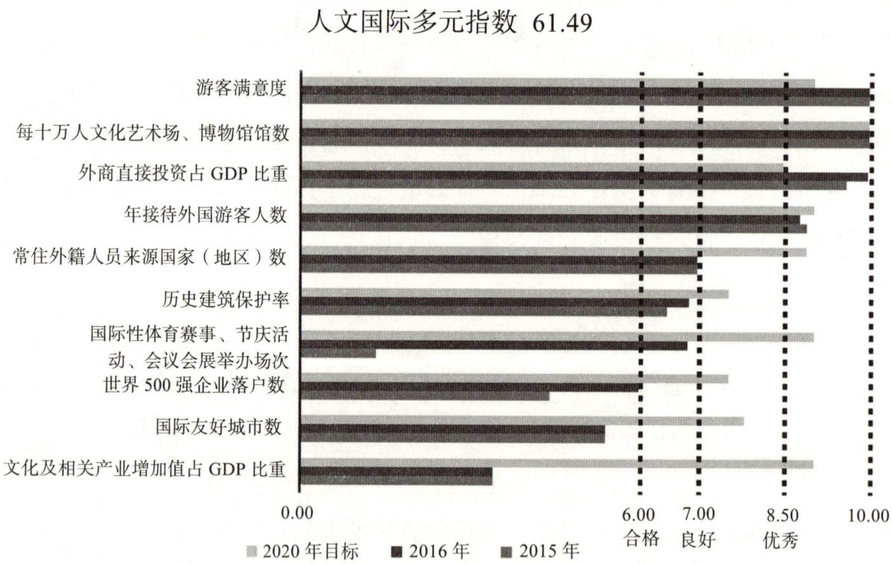

图 4-36　珠海 2015 年、2016 年人文国际多元指数评估结果[1]

在人文国际多元领域内部（见图 4-36），各指标 2016 年得分相比 2015 年的波动幅度为 -31.3% ~ 5.0%，有差异化发展趋势。其中，年接待外国游客人数同比提升了 4.4%，晋

[1] 历史建筑保护率因暂缺测算手段，故 2015 年、2016 年指标宜居指数均按 6.00 计算 .

级良好等级，反映出珠海作为滨海旅游城市的吸引力日益增强，旅游服务质量被广泛认可，旅游接待能力持续提升。而国际性体育赛事、节庆活动、会议会展举办场次同比下降了15.2%，反映出现阶段珠海城市文化活动及国际会展会议品牌影响力仍缺乏稳定性，亟待构建更具影响力的文化活动、会展会议品牌体系，拉动文化品牌辐射力和带动性。文化及其相关产业增加值下降 31.3%，反映出珠海现阶段在文化及其相关产业方面的产出仍偏少，尚未形成有规模、有效益的产业链，文化产业体系亟须转型升级。

从单领域发展水平来看，人文国际多元领域内部发展等级为优秀、良好、合格、待合格的指标比例为 1∶3∶2∶4。其中，达到优良等级的指标主要涉及旅游业、文化设施以及外商投资方面，而关于国际合作交流、文化活动以及文化产业方面的指标等级仍处较低水平。可以看出，得益于优质的自然环境基底和良好的人文基础，珠海优质旅游胜地不负盛名，多样化的文化艺术载体和开放包容的招商引资环境共同盘活人文城市发展空间，但城市整体人文环境仍面临挑战——国际交往广泛但缺乏深度、城市文化产业亟待转型升级。

4.8.1 旅游市场潜力逐步释放

城市旅游业的发展与旅游形象的塑造是城市文化软实力的重要组成部分。近年来，依托优越的自然资源禀赋及良好的生态环境，珠海不断丰富其滨海旅游城市特色，着力打造独具魅力的文化旅游强市，旅游市场潜力逐步得到释放。2016 年，珠海重点开发了以休闲度假、主题公园、海岛温泉、乡村旅游、商务会展为特色的旅游产品体系，其中以长隆国际海洋度假区为龙头旅游品牌，以海泉湾度假区、御温泉度假村为标杆，以万山群岛、斗门乡村旅游为核心的各类旅游基地发展势头强劲，为建成国际化休闲旅游城市打下了坚实基础，并协同带动了相关产品体系的市场发展。珠海还积极拓展对外交流新窗口，2016 年 3 月首次出版《国际日报（珠海专版）》，向海外推介珠海，进一步提升珠海国际化城市形象。珠海通过建立城市旅游合作机制，与港澳在美国、加拿大、印度、泰国等客源市场进行了合作宣传推广工作，提升了港珠澳“一程多站”线路在海外的品牌知名度。

据统计，珠海目前拥有旅游景点（景区）40 余处，2016 年接待外国游客共 492.06 万人次，同比增长了 4.4%，指标得分为 7.03，处于城市发展良好等级；接待国内游客 3409.24 万人次，同比增长了 9.2%，可见随着珠海旅游体系的完善、服务质量的提升和旅游市场秩序的维护，城市旅游业对外吸引力呈逐渐上升状态。从珠海近年来接待外国游客人数的趋势来看，2013—2016 年平均年增长率达 7%，前往珠海观光旅游的国际游客总体呈上升趋势，反映出珠海的旅游市场日渐散发国际魅力，这与珠海近年来城市品牌成功运营以及各项旅游规划引导、政策支撑、项目带动密不可分。

珠海 2016 年游客满意度为 74.0，指标得分为 8.71，较 2015 年略有下降，但仍处于优秀等级。这一数据充分肯定了珠海对旅游市场的全方位、多角度培育工作，其滨海旅游城市形象和服务质量不断提升，获得了国内外游客普遍好评。

与国内外知名旅游城市相比（见图 4-37），珠海游客满意度与新加坡、深圳、厦门基本持平，但与巴塞罗那差距较大。在发展海滨休闲旅游城市的相似背景下，珠海可借鉴巴塞罗那旅游业的发展理念和经验——重视城市历史文化遗产资源开发，积极发展更具持久魅力和可持续性的城市文化旅游业，开发特色旅游产品[1]。

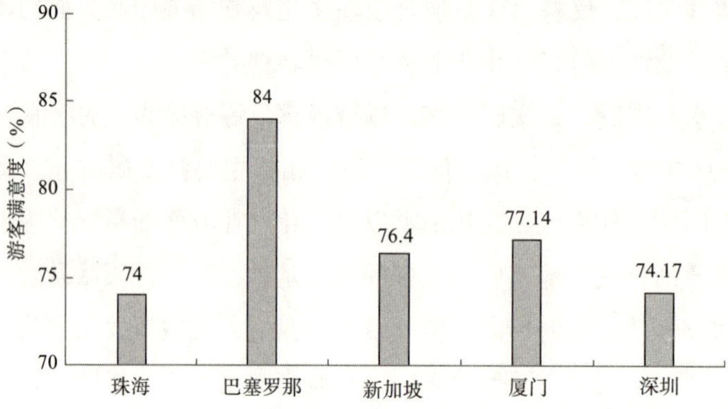

图 4-37　国内外知名旅游城市 2016 年游客满意度对比图

从全市旅游开发来看，珠海已编制了旅游总体规划，但还未出台相关的配套实施细则，部分旅游产品市场定位不准、档次不高、缺乏本地特色，并且缺少国际化品牌旅游龙头产品，从景区观光旅游转向国际休闲旅游目的地的进展缓慢。作为海岛资源丰富的滨海城市，珠海海岛旅游资源开发力度仍显不足，如何将这一优质原生资源优势转化为城市特色旅游资源优势，进而形成旅游市场中的品牌资源，也值得深入探讨。珠海旅游业需要从自身特色资源中深度挖掘旅游市场增长点，升级培育地域特色产品，完善旅游产业链，大力吸引文旅类投资项目并积极开展与港澳及海内外城市的合作交流工作，全面释放旅游市场发展潜力。值得关注的是，珠海 2016 年成为首批“国家全域旅游示范区”创建城市，这将有利于推进城市旅游发展，促使旅游产业成为珠海经济发展的新增长点[2]。

4.8.2　国际合作交流有待深化

城市对外合作交流直接关系其开放型文化的塑造与发展。长期以来，珠海积极与国际投资贸易规则接轨，发挥区位优势和先发优势，高标准建设中国（广东）自由贸易试验区横琴片区和珠三角国家自主创新示范区，推动与国际城市（地区）之间的交往合作，包括参与“一带一路”建设、深化友城的交流合作以及提升民间对外开放水平等。2016 年，珠海在中国 - 拉美合作的版图中刻下“特区印记”，携手澳门建设中拉经贸合作平台，深入推进粤港澳大湾区建设，正式实施《支持广东自贸区建设和创新驱动发展的 16 项出入境政策措施》，为广

❶ Joan Busquets，鲁安东，薛云婧 . 城市历史作为设计当代城市的线索——巴塞罗那案例与塞尔达的网格规划 [J]. 建筑学报，2012（11）: 2-16.

❷ 肖光明 . 珠三角城市旅游经济空间差异与协调发展战略研究 [J]. 地理与地理信息科学，2009，25（6）: 72-77.

大外籍高层次人士提供多种便利。

从国际城市交往来看（见表 4-2），截至 2016 年底，珠海已与 12 个国际城市（地区）缔结友好交往关系，指标得分为 4.44，处于待合格等级，可见珠海目前形成的国际关系网属精而小型，即结合自身发展有目的的结交国际城市。就交流内容而言，珠海与各友好城市主要在文化、艺术、科技等领域开展合作，例如与耶夫勒市在城市音乐节期间互邀参演、与朴茨茅斯市在旅游资源开发及国际赛事举办方面进行经验交流、与瓜达尔港签署友港合作等。但总体上，珠海目前尚未充分挖掘友城资源，需重视强化友城的纽带作用，实现友城的特色资源与珠海各领域发展的充分对接。

珠海国际友好城市（地区）一览表　　表 4-2

结交时间	友城名称	结交时间	友城名称
1987.07.08	加拿大 苏里市	2010.08.10	瑞典 耶夫勒市
1993.10.11	美国 红木市	2011.06.01	德国 布伦瑞克市
1994.09.29	葡萄牙 布朗库堡市	2012.08.27	俄罗斯 茹科夫斯基市
2004.07.25	日本 热海市	2012.11.16	澳大利亚 黄金海岸市
2006.08.23	韩国 水原市	2014.03.25	英国 朴茨茅斯市
2010.06.24	巴西 维多利亚市	2015.04.20	巴基斯坦 瓜达尔地区

从民间国际交往来看，珠海 2016 年常住外籍人员来源国家（地区）数为 98 个，指标得分为 6.28，与 2015 年同期基本持平，处于合格等级。常住外籍人员数量为 3602 人，相比 2015 年小幅上升，反映出珠海已具备一定的国际吸引力，不论是舒适宜人的生活环境，还是积极包容的城市人文氛围，都为外籍人员创造了良好的生活就业环境。

对比国内城市，深圳一直以“现代化国际化创新型城市”为目标，先后在柏林、纽约等地举办了深圳国际形象专场推介会，探索出一条用“世界语言讲述深圳故事”的新路。厦门则积极对接海外资源，创新交流平台、举办公共外交品牌活动，拓展与“海丝”沿线国家和地区的文化交流互动，在“中国国际友好城市大会”中多次获得“国际友好城市交流合作奖”。可以说，特色鲜明的城市形象推广、多样化的合作交流载体直接促进了深圳、厦门等国内城市开展广泛而深入的国际城市交流[1,2]。相比而言，珠海在城市开放形象打造及推广、多元交流方式创建等方面仍相对欠缺。未来，作为粤港澳协同发展的重要连接点，珠海应紧抓横琴新区全面开展建设、港珠澳大桥开通、中国航空航天展览会品牌优势等机遇，不断提升自身对外形象，创新合作交流发展平台，以吸引境外资源、扩大对外交往。

4.8.3 营商环境持续向好

建立接轨国际的营商环境、面向全球的招商引资发展体系，是珠海加强与重点国家和地

❶ 汤丽霞 . 国际化发展与城市外交 [J]. 当代世界，2013（10）：78-80.

❷ 深圳市开放创新课题组 . 关于深圳开放创新的几点思考 [J]. 当代世界，2016（4）：73-75.

区之间联系和加快构建对外开放新格局的现实需要，对建设粤港澳湾区枢纽城市、珠江口西岸核心城市具有重要意义。2016 年，珠海坚持“引进来、走出去”的发展理念，积极响应国家“鼓励地方政府招揽科技创新、就业带动能力强的项目”的号召，大力推动全市招商引资工作，促进开放型经济格局的构建和经济规模、质量的提升。珠海 2016 年正式印发了《珠海市驻境外经贸代表处建设方案》，通过在境外重点国家（地区）设立珠海市驻境外经贸代表处的方式，加强珠海与欧美等发达国家和地区的直接联系，提高珠海在海外的知名度和影响力。

截至 2016 年底，珠海世界 500 强企业落户数为 45 个，指标得分为 4.50，处于待合格等级。全年外商直接投资占 GDP 比重为 7.15%，指标得分为 7.15，达到了良好等级，反映出珠海已积累了一定的国际企业资源，同时外商投资份额较为可观，未来海外招商引资的提升空间仍很大。

从珠海 2007—2016 年外商直接投资情况来看（见图 4-38），珠海实现了外商投资长期平稳增长，这与其特区政策优势及大力实施创新驱动和开放引领战略密不可分，珠海通过在创新中谋求更深度开放，在开放中促进更高水平的创新，并充分结合国家“十三五”规划纲要要求的“利用两个市场、汇聚两种资源”，提高产业和城市竞争力，增强其经济发展新动能。

图 4-38　珠海 2007—2016 年外商直接投资趋势图

深圳的招商引资工作，始终走在全国前列，主要运用投资推广的方式推进招商引资工作。一方面创新工作模式开展多形式特色化招商，另一方面建立系统的投资环境宣传推广运行机制，积极借鉴中国香港地区、新加坡等投资推广工作评价指标体系，提高投资推广的社会影响力。借鉴深圳的经验，珠海应不断丰富全市招商引资方式和渠道，整合各类宣传资源并加强与国内外主流媒体和机构交流，全力推介珠海投资环境。珠海 2016 年审议通过的《关于提升全市招商引资质量和效益的意见》，提出到 2020 年实现来自欧美外资占实际吸收外资比重达 20%，对外资引进的质量和效益、外资结构优化等都提出了明确要求，这也要求珠海在未来几年必须全面提升投资市场的吸引力与影响力，建立面向全球的资源配置网络与能力。

4.8.4 积极营造地方文化

便利的文化设施和丰富的文化活动能够直接带给城市居民良好的精神生活体验。近年来，珠海大力践行基本公共服务均等化，强化历史文化保护工作，积极打造人文多元的城市文化氛围。2016 年，珠海大剧院、金海岸文化艺术中心、狮山市民艺术中心等文化综合体陆续落成，填补了珠海在国际化、现代化、专业化剧院场所建设方面的空白。2016 年底，珠海公布了改革开放历史性建筑 30 处，通过了首批历史建筑保护规划，未来将进一步指导全市文保工作。南屏镇东大街历史文化街区保护性修整工程完工，打造出集文化传承、民俗展示、馆藏文化于一体的岭南古建筑步行街，进一步展现了珠海市历史建筑风貌。同时，珠海持续深化城市文化影响力，积极推进一系列立足本地特色资源、面向国际的高水平文化品牌活动，拓展文化市场发展空间，展现极具创新活力的魅力珠海。

珠海 2016 年每十万人文化艺术场、博物馆馆数为 0.84 个，指标得分为 8.40，同比增长了 5.0%，指标发展等级为良好，可见随着珠海各项民生建设工程的逐步落实，城市整体文化环境硬件设施有较为明显的提升，并可通过持续提供高质量服务与细节化管理，实现以文化滋养居民、以文化打造城市的良好氛围。珠海 2016 年全年举办国际赛事、节庆活动、会议会展共 28 场，指标得分为 5.60，同比下降了 15.1%，降为待合格等级，表明珠海当前城市活动稳定性不足，一方面受制于国际活动及会议的周期性影响，另一方面则说明城市大型活动特色和影响力均有待提高。

在城市特色人文环境营造方面，珠海市致力于满足群众日益增长的文化体验与需求，大力支持群众文化活动开展。全市推出的市民文化节，内容涵盖声乐、舞蹈、美术等 10 个大项，活动场次 2000 多场，受惠群众百万人次。文化节期间还推出文化活动周、文化服务日、户外音乐会等多项创新活动，具有极其浓郁的地方特色，深受市民欢迎。本土化、品牌化的文化实践，既有效满足了市民群众的日常文化体验，又为珠海原生文化注入了活力。

对比国内先进城市，深圳一直以“高质量、精服务”的城市特色文化体系引领全国，率先在国内实现了“每 1.5 万人拥有一个社区图书馆”，并推出国际博物馆高级别论坛等高品质国际重大文化项目，成立“读创”、“壹深圳”等优质新媒体，培育演出季、鉴赏季等文化活动，形成了国际化程度高、内容丰富多彩、地区特色凸显的城市文化氛围[❶,❷]。与之相比，珠海虽已形成覆盖面较广的城市公共文化服务设施体系，但在城市文化氛围深度营造、城市文化发展吸引力方面仍需借鉴深圳等城市的经验。一方面，尚需丰富健全城市特色文化体系，打造精益求精的城市文化氛围，为城市居民提供高质量的文化体验；另一方面，以创新精神带动全市文化品牌活动向更高层次迈进，提升城市特色文化吸引力，打造富有地方特色的区域综合文化中心。

❶ 钟雅琴 . 文化产业升级与城市文化创新 —— 以深圳为个案的研究 [J]. 深圳大学学报（人文社会科学版），2016，33（6）：42-47.

❷ 张春朗，安治民 . 深圳国际化城市文化建设路径及策略研究 —— 兼议大众传媒在深圳国际化城市文化建设中的作用 [J]. 视听，2014（8）：120-122.

· **珠海经验 12**

图 4-39　珠海市历史建筑代表

· **城市文化档案馆——历史建筑数字化保护**

为积极响应广东省关于建立历史建筑信息系统管理库的要求，珠海于 2016 年开展了历史建筑数字化保护工作，形成了“一个历史建筑数字化保护标准、一套历史建筑线索分等定级评价体系、一个历史建筑数字化管理信息系统、一组高科技数字化技术集”的数字保护模式（图 4-39）。

具体而言，“标准”即制定保护准则，明确数字化保护技术路线，指导后续工作开展；“评价体系”即制定历史建筑线索评价体系，对其历史价值、科学价值、艺术价值、社会人文价值等 20 个因素进行分等定级。“信息系统”即依据前两项工作内容，建立面向规划管理的 GIS 数据库和面向公众的历史建筑电子地图。“技术集”即采用 RTK、倾斜摄影、三维激光点云以及超高精度三维扫描等技术对历史建筑的地理坐标、周边环境、建筑细部进行采集存档，完成历史建筑三维模型。通过历史建筑数字化保护工作，全市已完成 184 处历史建筑普查工作并列入历史建筑保护名录，其中优先推荐 52 处，完成首批 23 处历史建筑信息采集建模工作。

珠海历史建筑数字化保护举措为全国文保工作提供了新思路与实践经验。一方面，数字模拟保护可以进行历史建筑多维信息采集、处理并统筹管理，大大提升文保工作效率；另一方面，成果简单直观，经网络、微信等新媒体对公众进行展示，自下而上推动城市历史文化保护的全民参与。

4.8.5　文化产业亟待升级提质增效

为切实增强城市文化软实力，珠海近年来聚焦城市魅力，借力珠澳一体化发展态势，大力建设横琴文化教育开放先导区，重点推动数字内容、文化旅游、创意设计、文化产品制造四大文化产业发展，着力打造中国国际马戏节 WTA 超级精英赛等七大城市特色活动，全面推动城市文化消费结构升级。2016 年底，珠海市政府发布了《珠海市“十三五”文化创意产业发展规划》，提出要通过对文创产业、公共文化、传统文化传承等方面的创新与先试先行，打造具有珠海特色价值的跨界创新文化都市，加快推进文化产业发展。

珠海 2016 年文化及相关产业增加值占 GDP 比重为 3.38%，指标得分为 3.38，同比下降了 31.3%，处于待合格等级，可见珠海现阶段在文化及其相关产业方面的产出仍偏少，尚未形成成规模、高效益的产业链，文化产业体系亟须升级提质增效。

与国内外城市相比，珠海在加强文化产业基础、促进文化产业融合发展方面仍有一定的提升空间。厦门建立了对台文化产业交流平台，初步形成了高品质、宽领域、多层次的合作交流格局，同时实施了“文化 +”战略，补齐文化产业发展短板[1,2]。借鉴厦门经验，珠海应积极推动文化交流平台建设与文化产业转型升级，完善相关产业发展支持措施，打造地域文化创意品牌，高效促进产业间融合，提高相关产业文化附加值，实现文化产业经济效益与社会效益的统一。

---

❶ 陈劼 . 厦门市文化创意产业与旅游业融合发展的研究 [J]. 中国发展，2016，16（6）：20-26.

❷ 李子才 . 文化产业对厦门经济发展影响 [J]. 中国统计，2014（7）：19-20.

DEVELOPMENT VISIONS OF ZHUHAI

5

珠海城市发展愿景

5.1 城市近期建设重点建议

RECOMMENDATIONS ON RECENT CONSTRUCTION FOCUS OF ZHUHAI

5.1.1 生态环境持续改善

得益于优越的自然环境禀赋和一直对生态环境保护的坚守，珠海在生态安全永续领域优势突出，接近优秀等级，自然环境持续保持优质安全，低碳绿色城市建设卓有成效。2016 年，珠海获得首批“国家生态园林城市”荣誉、首届“中国生态文明奖”荣誉、“国家森林城市”称号等，这是对其生态环境保护工作的充分肯定。但该领域内仍存在一定短板，尚需在资源高效循环利用方面不断努力，以更好地满足城市可持续发展过程中的环境、社会、经济协调发展需求。

5.1.1.1 提质升级生态环境，打造特色生态格局

珠海现阶段已形成较为稳定安全的自然环境格局，并保持着良好的势头持续发展，未来工作应继续强化其生态优势，坚持“绿色、生态、低碳”标准，加强环境保护生态建设与绿色发展。一是加大相关立法和执法力度，完善并加强与周边城市的生态环境保护跨区域协作机制；二是严格落实城市“四线”及“四区”空间管制要求，划定城市开发边界，防止城市建设无序蔓延；三是严格保护生态控制线，加强生态整体保护、系统修复、综合治理，保护生态系统平衡和生物多样性；四是积极开展“公园之城”“生态水网”“千里绿廊”“彩色飘带”四大专项工程建设，完善城市生态工程体系，提升城市生态环境。通过生态基础设施建设综合塑造“山、河、海、城、岛交融”的珠海特色生态景观格局，进一步维护区域生态安全，促进城市生态功能改善，发挥生态核心价值，建设美丽珠海。

5.1.1.2 深入推广绿色建筑，浅绿稳步迈向深绿

基于珠海现阶段推广的新建建筑中绿色建筑比例达 100% 的工作要求，在未来工作中还需以示范工程建设为基础，继续推动绿色低碳发展，全面推进绿色城市建设，深入探索和推广新建绿色建筑和既有建筑节能改造的新技术、新工艺和新材料。一是要建立更为完善的绿色建筑政策管理机制、激励机制、财政扶持机制和监督考核机制；二是应重点进行新建建筑规模化推进绿色建筑，提高星级标准，进一步实践低影响开发建设模式，推进绿色建筑相关产业、装配式建筑发展等工作；三是继续探索和推进既有建筑绿色化改造、老旧小区绿色化改造，增强绿色建筑技术支撑能力，加强可再生能源建筑应用，以此推进绿色建筑全面发展；四是着力提高运营标识获取比例，发展健康建筑等新方向。

5.1.1.3 循环利用废弃资源，生态经济双赢发展

尽管珠海在废弃资源循环利用方面已初见成效，但投入资金有限、机制保障薄弱、技术

水平欠佳等限制使得其整体利用水平较国外先进城市仍有明显差距。因此，当前珠海要提升生态安全永续领域发展水平，重点就在于提高废弃资源循环利用比例。借鉴国外先进城市的经验，珠海需在未来工作中，一是加快制定促进废弃资源循环利用的政策、制度提升完善各类专项规划，通过政策支持和规划引导，推进循环资源行业的发展；二是初步构建废弃资源循环利用的技术支撑体系，推广适用技术，加大对先进技术的投入研发力度；三是推进生态工业园区建设，构建和完善生态工业链条，实现园区废弃资源有效循环利用；四是加大废弃资源循环利用的宣传教育工作，转变公众观念，提高公众保护环境的责任意识，提高社会参与度，推动循环利用工作的落实，实现经济增长、资源利用、环境保持三者的协调平衡发展。

5.1.1.4 积极推进海绵城市，构建安全韧性水系统

珠海作为我国第二批海绵城市建设试点，正处于海绵城市建设的关键时期。在近期工作中，珠海应在《珠海市海绵城市专项规划（2015—2020）》的基础上，进一步完善海绵城市建设的各项法律法规、政策管理制度，分区编制实施海绵城市建设规则，并根据实际情况对各个体系提出相应海绵城市建设措施。通过系统性工作形成低影响开发雨水系统、雨水管渠系统、超标雨水径流排放系统，协同构建海绵城市体系，促进水资源综合利用，建设自然积存、自然渗透、自然净化的“海绵城市”，实现城市水生态、水安全、水环境、水资源、水文化系统的全面提升。根据国家机构改革要求，进一步完善海绵城市规划建设工作机制，明确各部门职责分工和协调机制，强化各部门职责履行落实，建立责任追究和职责督查评估机制，以确保海绵城市建设工作的有效落实和推进。建立基于效果的考核机制，以区为单位推进海绵城市建设，形成各具特色的“海绵湾区”“海绵岛”。

5.1.2 空间格局适度紧凑

依托既有山水格局，珠海塑造了山、河、海、城、岛交融的现代滨海城市景观特色，在空间紧凑宜人领域也达到了良好等级，使城市景观环境备受青睐、绿色空间独具魅力，人与自然和谐发展的现代化建设新格局日益成形。虽然珠海近年来提倡小街区、TOD小镇等理念，但其在小街区规划建设、土地综合开发利用和TOD开发方面仍有较大的提升空间，还需保持定力，继续按照小街区密路网、集约紧凑、产城融合的发展理念开展相关地区的规划建设工作。

5.1.2.1 优化特色景观风貌，加速打造公园之城

为巩固当前城市与自然和谐相融的景观风貌优势，珠海应继续加强建筑风貌管控、城市公共艺术空间塑造等工作，不断推进城市设计试点工作，持续推动公园之城、千里绿廊、生态水网、彩色飘带四大行动，加强垂直绿化和立体绿化建设，并将相关工作纳入政府职能部门的考核中。不断完善“一屏两带，三区五廊，六核千园”的绿地系统，学习新加坡在道路两侧或街角等局部区域开展口袋公园建设，也可学习圣迭戈在社区中心建设综合大型的绿地

公园或主题公园等，创新性开展新一轮公园城市建设，打造公园之城升级版。

5.1.2.2 实施小街区规制，打造珠海人性化街道

为打造空间尺度紧凑开放、集约高效、宜居适度的小街区，珠海应以“营造具有活力和人性化的街道和公共空间”为主线，以实施“小街区规制”作为提升城市通透性和微循环能力的战略抓手，通过制定小街区规划导则，充分发挥规划的引导作用，强化规制刚性执行，严格落实小街区建设模式，保障城市健康发展。一方面，珠海可以从规制层面严格以网格化大密度道路划分街区空间，健全小街区快慢相宜的出行系统。另一方面，珠海需要从规制层面降低城市开发强度、留出开敞空间，就近建设邮票绿地、袖珍广场，打造亲水环境和骨干绿岛，构建立体层次分明、平面混合使用的高品质城市空间网络，推动城市空间开放通透、公共设施集成便捷、市民出行绿色高效，促进公共空间和现代建筑紧密契合，促进城市建设和经济发展相协调、城市规模与承载能力相适应。

5.1.2.3 贯彻节约集约用地，多举突破城市更新

为进一步提高珠海土地节约集约利用程度和挖掘土地潜力，珠海应按照“布局集中、用地集约、产业集聚”的原则，优化土地资源的“供给 - 需求”配置，充分发挥政府宏观调控功能和市场配置作用，实现政府 - 市场互动的土地资源配置。高质量推进城市更新工作，坚持政府主导，加强统筹组织，形成推动城市更新的合力；坚持协调发展，加强规划引领，坚持利益共享，推动连片更新改造，采取多种方式对涉及多个土地权属人的自行改造项目开展整合归宗。坚持放管结合，改进报批方式，可将微改造项目实施方案的审定权和全面改造项目实施方案的部分审核权下放区政府，坚持市场导向，加强激励约束，保障规范有序实施。同时，珠海可以学习新加坡等城市规划管理经验，通过“白地”增加土地利用的兼容性和规划变更的灵活性，推动由单一功能向城市综合功能转型。

针对挖掘土地潜力，珠海还需升级城市更新发展理念、建设机制和开发模式，探索城市更新新契机，通过拆建、改建及整治等措施推进中心城区更新改造，优化调整东部城区土地资源配置，为中心城区转型升级、环境宜居提供有力支撑。在城中旧村更新方面，建设推进政府购买棚户区改造试点项目。在旧工业厂房更新方面，推动重点项目规划建设，加快建设商业综合体，培育文化创意产业发展。在旧城镇更新方面，编制重点区域整体更新规划，加快推进城市核心区改造，盘活一批“烂尾楼”项目，启动重点片区的老旧小区综合整治提升工程。

5.1.2.4 优化城市空间布局，整合 TOD 发展资源

为优化城市空间布局，珠海未来需坚持主城区提质和新区扩容并进的策略，进一步完善城市中心体系建设，有序推进城市开发。一方面，应严格控制主城区容量，积极推进城市更新，通过增加公共绿地、增加公共空间、减少居住容积率、减少居住建筑密度等措施，切实提升主城区空间品质和服务功能。另一方面，积极推进城市空间“中提、西拓、北联、南进”，

拓展新城新区，不断强化珠海在珠江西岸的创新驱动、交通枢纽、产业聚集辐射和对外开放合作四大功能。

与此同时，鉴于TOD可以有效地引导城市空间结构的可持续发展，珠海还需遵循“整体规划、统一控制、集约利用、功能融合、有序开发”的原则，深入推进交通建设引领城市可持续发展政策，注重各层次城市规划与交通规划通盘考虑。建立以轨道交通为导向的城市发展模式，建立宏观、中观、微观多层次互动、高效耦合的交通与土地利用协调机制，建立交通引导土地开发的一体化开发和收益反哺机制，协调交通建设与新城开发、城市更新的时序。近期集中资源推进唐家湾珠海北站TOD生态新城、上冲TOD生态小镇的建设，从而促进交通建设与城市空间结构调整、城市土地开发利用以及产业及配套设施规划布局的融合发展。

5.1.3　出行瓶颈持续突破

由于珠海过去长期处于珠江西岸交通末梢地位，其对外交通和市内交通基础较为薄弱，导致出行绿色通畅领域整体发展水平偏低，公共交通主体地位有待加强，慢行系统仍不完善，市内交通拥堵问题突出，对外交通联系有待提升。但近年来，随着珠海城际轨道交通通车、航运线路增多、港珠澳大桥建设、横琴口岸开通，其对外交通格局正逐步打开。另外，珠海也日渐加大城市“治堵”力度，未来应在打通断头路、建设城市支路、提升道路交叉口通行效率、开通东西部快速公交等方面多加努力，逐一突破出行障碍与瓶颈，推动出行绿色通畅领域良好发展。

5.1.3.1　公交主导慢行优先，保障低碳绿色出行

珠海现阶段正大力倡导市民低碳绿色出行，为打造绿色健康生活方式奠定良好基础，让畅行、绿色的交通为城市增添魅力。在未来工作中，珠海应统筹安排公交、自行车、小汽车等不同交通方式的空间资源，保障公交、慢行交通优先路权，有效限制私家车保有量和使用率，积极建设更多元的公共交通出行方式。提供更多的政策支持和经济手段，开发公共交通联票制度，优化完善慢行系统建设，增加组团间慢行路网密度，完善自行车专用路网系统分布，深度完善慢行系统与公共交通系统的无缝衔接，提高慢行交通的多元性、联通性与舒适性，形成慢行优先、公交主导的绿色交通体系。

5.1.3.2　升级对外交通，夯实珠江西岸交通枢纽地位

在对外交通格局日渐打开的现状下，珠海应进一步升级“外网”建设，充分利用港珠澳大桥建成通车后对珠海城市空间格局带来的积极影响，集中完善城市对外和跨界交通系统，加强构建与周边城市的快速连接通道，提高对外交通辐射力和影响力，提升综合交通运输效率与效益。一是按照各种对外交通运输方式的特点和适应性，立体化推进海港、空港和高铁枢纽建设，完善多模式集疏运系统，拓展经济腹地；二是推进珠海机场升级改造和通用机场建设，深化珠港澳机场合作；三是发挥珠海港港口资源优势，促进沿海港口外引内联的窗口

作用，实现港口在物资集散中的枢纽作用；四是推进城际轨道交通建设，加快建成广佛江珠城轨、珠机城轨，争取开通更多珠海始发终到高铁线路，推进黄茅海大桥等项目。通过进一步打通对外联系通道，夯实珠海的珠江西岸交通枢纽服务辐射功能。

5.1.3.3 攻破市内治堵难题，营造良好路域环境

随着交通拥堵问题愈发突出，珠海应积极拓展路网建设工作，全面规划建设绿色交通体系，提高路网效率和加快推进交通治堵。一方面，重视引导城市用地向通勤短程化和功能混合化方向发展，构筑以公交、慢行优先为导向，与城市空间结构和土地利用相协调的道路交通体系。另一方面，坚持绿色交通导向，完善高、快速路网和市政路网，通过设施供给、经济杠杆、出行管理和宣传倡导等综合手段，引导机动车合理使用，推广以公交、慢行优先为导向的路网布局和道路功能设计，加快城市干道“主动脉”系统建设，尽快实现不同种类、不同速度交通方式之间的分离，缩短东西部组团之间跨区域的交通时差。除此之外，珠海还需提升支路“微循环”网的建设，使城市绿道、次干道、背街小巷形成良好的支路网系统，分担主干道的交通量，增加交通可达性，提高路网整体利用率。

5.1.4 公共服务优化提升

随着珠海不断加大基本公共服务建设力度，提高公共服务共享水平，应用新兴科技进一步打造智慧城市，珠海 2016 年服务优质共享领域发展水平显著提升，综合发展指数达到了良好等级，基本实现了教育资源全面优化、医疗卫生队伍日益壮大、养老服务体系加速发展、便捷可达的文体设施以及智慧城市加速建设。但在具体服务细节和质量上仍存在诸多不足，城市基本公共服务的整体发展水平有待深入优化与不断提升。

5.1.4.1 积极回应公众需求，推进义务教育均衡

针对目前珠海优质学校数量不多、基础教育区域不均衡的现状，仍需深入推进义务教育均衡发展，促进优质教育资源共建共享，以满足市民对优质教育的需求。一是重点解决中小学和幼儿园学位紧张等突出问题，新建一批中小学，合理布局新校，充分满足人口增长带来的学位需求；二是大力提升西部及海岛教育发展水平，引进和扩大优质教育资源，进一步缩小区域、城乡之间的差距；三是全面提升教育现代化水平，加强高层次人才引进和师资培训，大力推进“粤教云”和智慧校园建设。

5.1.4.2 健全医疗卫生体系，全面提高服务质量

在医疗服务方面，健全医疗卫生体系，全面提高服务质量，努力形成医疗资源合理配置、医疗机构运行高效、医疗技术水平稳步提高的医药卫生事业新格局。一方面，深化公立医院改革，完善基层医疗卫生服务网络，优化药品和医用耗材配送机制，完善和推进分级诊疗，组建医联体，推动优质医疗资源有序下沉。另一方面，重视医疗卫生人才队伍建设，创新人

才培养模式，以全科医生为重点加强基层卫生人才培养力度。

5.1.4.3 打造“十分钟”文体圈，提供均等化服务

在文体设施方面，进一步扩大公共文体设施覆盖范围，丰富公共文化服务的内容和手段，完善公共文化管理、运行和保障机制，稳步提高基本公共文体服务均等化水平。继续推进市民艺术中心、社区体育公园及村居文化中心建设，逐步完善小区健身场所和器材。加快区级以上文化体育场馆建设，积极创建国家体育服务示范区、全民健身示范市和省公共文化服务示范项目。推动社会参与公共文化体育服务，扶持基层文体队伍发展，积极开展全民健身运动，举办市民健身运动会，打造城市“十分钟健身圈”。

5.1.4.4 着力解决养老问题，完善居家养老服务

珠海社区和居家养老服务网络建设已初见成效，但仍然面临着养老机构总数少、服务不完善、床位结构不合理等问题。为积极应对人口老龄化，满足人民群众多样化的养老服务需求，珠海应统筹发展社区和居家养老，完善养老服务网络，加大对养老服务的投入，确保基本养老服务优质供给。

具体来说，一是分层次构建养老服务体系，根据老年人的不同情况和服务需求，形成以居家为基础、社区为依托、机构为补充，医养结合的现代养老服务体系；二是加快推进养老服务设施和养老机构建设，鼓励和支持社会各界积极参与养老服务体系建设，将公办养老机构与民办养老院进行对接；三是推动医疗卫生和养老服务相结合，发展养护型、医护型养老机构，在完善基本养老和医疗保障制度的基础上，探索建立老年人长期护理保险、养老机构综合责任险等保险制度，适当发展商业性养老保险。

5.1.4.5 推进智慧城市建设，提升精细化管理水平

作为国家首批智慧城市试点之一，珠海正着眼于智慧服务，加速推进城市公共信息资源的整合共享，切实提升城市社会、经济服务的智慧化水平，充分发挥信息科技在提升珠海城市生活品质方面的巨大作用。

在具体工作中，应进一步加快智慧城市建设步伐。一方面，夯实智慧珠海信息基础设施，包括完善网络设施、加快推进三网融合、建设珠海大数据中心和大数据产业园等，同时深化城市无线 WiFi 热点覆盖，实现基本覆盖城市重要公共场所，继续推进珠海“政府 WiFi 通”建设。另一方面，加强智慧的政务服务建设，实现电子政务服务优化整合，打通各政府业务系统，实现信息跨部门跨层级共享公用，改善政府网上公共服务的使用体验，推动公共数据资源向社会开放。

5.1.5 社会环境和谐宜居

在各级政府部门、社会组织、群众团体以及志愿机构的共同努力下，珠海 2016 年社

会平安和谐领域的发展水平维持在良好等级，为市民营造了一个既能维护社会关系融洽和谐，又能保障生命财产安全的社会环境。珠海分别在 2007 年、2011 年、2014 年、2015 年、2016 年五次入选“中国最具幸福感城市”，2016 年被评为“珠三角地区安全感和满意度第一城市”,基本实现了基本社会保险“应保尽保”。但对于关系千家万户安居乐业的住房问题，珠海因在多重利好因素以及市场投资行为的推动下，使得其房地产市场持续升温，日渐高涨的房价影响城市住房保障政策实施效果，亦将透支城市未来，因此在未来城市发展建设过程中，珠海应尤为重视解决本地居民和创新创业人才住房问题，保持房地产市场稳定健康。同时通过政务服务、公安以及社保改革，维护社会环境的长久融洽与和谐发展。

5.1.5.1 深化政务改革创新，建设阳光法治服务政府

提高政务服务水平，打造阳光、法治、便民的全方位服务型政府，需要珠海持续深化政务改革创新，从加大简政放权力度、强化廉洁政府建设以及加强科学民主依法决策等方面开展工作。

具体来说，一是继续清理规范政府部门行政审批中介服务事项，精简行政审批，减轻企业和群众负担；二是完善权责清单制度，划定权力“边界”，对多个部门间领域职责交叉问题进行梳理；三是向基层放权，通过深化“互联网 + 政务服务”改革，提升基层管理服务水平；四是加强廉政风险防控，促进权力规范、阳光运行，同时强化行政追责，健全正向激励机制，实现干部清正、政府清廉、政治清明；五是完善重大民生决策事项民意调查机制，接受利益相关方、公众、专家以及媒体的监督；六是建立决策咨询专家库，落实公众参与、专家论证、风险评估、合法性审查和集体决策机制。

5.1.5.2 深化公安改革试点，筑牢城市安全屏障

作为我国公安改革综合试点城市之一，珠海将重点深化公安改革，积极推进警务机制创新，加强“信息时代”打击犯罪工作机制，建立健全立体化、信息化社会治安防控体系和快速反应机制。与此同时，珠海还应积极推进安全生产领域改革发展，深化城市管理执法体制改革，加强道路安全环境打造，完善应急指挥系统和突发事件信息发布平台，推进食品、药品、农产品、卫生检疫安全工作等，全方位增强保障城市安全的能力。

5.1.5.3 践行多样化住房政策，回归住房居住属性

为及时遏制高房价提前透支城市未来的发展前景，珠海应秉承“房子是用来住的，不是用来炒的”的定位，综合发挥金融、土地、财税、投资、立法等手段对住房市场的监管与调整作用，践行多样化、分层次的住房政策，促进住房回归其居住属性，推动房地产市场健康平稳发展。

在具体工作中，一是继续落实 2017 年 4 月 8 日印发的《珠海市人民政府办公室关于进一步做好我市房地产市场调控工作的通知》，从加大住宅用地供应力度、完善土地出让机制、优化土地出让模式、加强土地购置资金监管、强化“限购、限售、价格备案”政策、加强差

别化住房信贷政策、发挥联席会议联动作用、加大房地产市场的监管力度以及做好舆论宣传工作等多个方面加强珠海房地产市场的调控工作；二是重视规范保障性住房的建设、分配和管理体系，出台配建保障性住房和人才住房实施意见，同时注重发挥货币补贴的保障作用，提高全市域的住房保障能力与水平；三是开展国外经验的借鉴研究，例如创新探索征收房地产税、执行差别化房屋贷款利率、控制住宅项目中的投资用户房屋比例、规范出租市场租金行为等。

5.1.5.4 试点“四险一金”，积极推进社保改革

根据国务院印发的《生育保险和职工基本医疗保险合并实施试点方案》的要求，珠海于2017年6月起启动试点，将生育保险基金并入职工基本医疗保险基金征缴和管理。珠海应充分发挥“试点先行”优势，积极推进与完善生育保险基金并入职工基本医疗保险基金征缴和管理后的各项社保改革工作，重点保障珠海女性员工生产期间的报销额度和报销效率，注重提升全市社保管理水平、降低管理成本、强化基金共济能力。同时，基于珠海社保事业已处于征缴扩面工作拐点的发展现状，珠海应持续将社保工作重点放在“提待遇、降费率、减负担、完善政策”方面，并且借鉴深圳等地的经验，进一步深化医疗保险支付方式改革。

5.1.6 经济低碳创新发展

由于长期坚持生态优先、绿色发展，珠海基本形成了低碳循环可持续的经济发展模式，2016年实现经济低碳创新领域综合发展水平达到良好等级，为城市综合发展水平的提升打下了坚实基础。总体上，依托高新区和横琴新区两大载体，珠海出台了各种举措支持高新技术产业、先进制造业和高端服务业发展，工业呈现高端化发展态势，产业结构不断优化，现代产业体系初步形成。同时，人民生活水平稳步提高，城乡收入差距缩小，居民收入增长与经济增长基本同步，基本实现了发展成果居民共享。然而，经济总量小影响高端要素集聚、创新产业链不完善、科研基础及人才基础薄弱、创投活跃度不足等仍是制约珠海实现创新驱动发展的关键问题。为此，政府积极引进高层次人才，优化营商环境，大力扶持民营企业发展，2016年珠海创新驱动工作稳步推进，但距离成为珠江西岸区域创新中心城市还有一定距离。

5.1.6.1 加快推广清洁能源，坚持低碳绿色发展

为建成低碳生态城市，珠海应兼顾经济发展、资源节约和环境保护，通过制度改革和技术创新提高资源利用效率和生态环境质量，同时促进城市经济发展转型升级和持续增长。

在具体工作中，应大力发展天然气、风电、光伏等清洁能源，提高清洁能源供应能力，调整能源利用结构，优化电网建设和运行，降低能源消耗碳排放水平。一是扩大天然气供应和利用规模，加快天然气热电联产项目和天然气分布式能源项目建设；二是增加非化石能源供给，大力发展海上风电以及生物质能发电，推动环保生物质热电工程项目建设；三是优化电网布局，在城市规划和综合管廊建设中落实供电设施建设用地和输电线路走廊，积极发展

分布式供电、微电网和储能等技术应用。

5.1.6.2 着力振兴实体经济，增强产业核心优势

珠海目前经济总量规模偏小，与区域定位目标差距较大。为进一步提升区域经济的规模和影响力，珠海应着力振兴实体经济，以大力推动制造业发展为核心，防止产业空心化，让企业扎根珠海、安心发展。

在具体工作中，一是突出发展先进装备制造业，编制实施先进装备制造产业腾飞、高技术产业提速、传统产业提升和未来产业培育“四大产业行动计划”；二是谋划一批项目主动对接国家战略，争取若干重大国家创新平台、重大专项落户珠海，争取把珠海重点产业、重点项目纳入国家规划布局；三是推动中兴智能汽车制造及研发基地、西北工业机器人减速机、运泰利智能制造、赛纳总部及信息技术研究院等重点项目建设；四是深入实施工业企业技改三年行动计划，力争推动 50% 以上的规模以上工业企业实施技术改造。

5.1.6.3 集聚高端人才，深入实施人才强市战略

为全面提升人才竞争力，珠海应主动围绕产业转型升级和重点产业发展需求，加大高端人才引进培养力度，统筹推进各类人才队伍建设，扩大集聚规模。

在具体工作中，一方面，要加强创新人才队伍建设，推出促进人才优先发展若干措施，实施高层次人才和创新创业团队支持计划，推进实施博士后培养工程，健全高技能人才培养机制，优化人才管理政策和体制机制。另一方面，切实促进就业和创业，加强全民技能提升培训，通过技术项目产业化及各类孵化基地等平台载体建设吸引优秀人才，优化人才来珠工作流程，提供配套的服务设施及政策。珠海住房的可负担性已成为人才流动时首要的考虑因素，也可作为目前引才政策的发力点，除了政府主导的公租房和人才公寓，可考虑激活企业和市场力量提供专业化的租赁服务，并采取租金补偿机制。

5.1.6.4 营造良好发展环境，构建创新型经济格局

珠海城市创新驱动的基础还比较薄弱，为进一步增强经济发展的动力，珠海应加快形成以创新为主要引领和支撑的经济体系，把主要的发展资源向创新活动配置，构建创新型经济格局。

具体来说，一方面，要加快创新载体建设。深入推进珠三角国家自主创新示范区建设，开展“双自联动”创新试点，探索建立自贸区和自创区联动发展的体制机制。推进高新技术企业培育计划，力争高新技术企业数量大幅提升。落实与高校的战略合作协议，建立成果导向的财政支持机制，引导和支持高校发展研究型理工类学科，推动华南理工大学现代产业创新研究院、德国人工智能研究中心等研发机构建设。健全孵化器育成体系，建成珠海信息港、清华科技园二期等一批项目。围绕集成芯片、智能机器人等重点领域，支持企业申报国家和省重大科技专项，组织实施一批市级核心技术攻关项目。另一方面，积极构建系统完善的政策体系。出台更具实效性、针对性和可操作性的措施，构建系统完善的政策体系。搭建知识

产权质押融资银企对接平台，推进国家知识产权试点基础上，建立与国际接轨的知识产权保护体系。

5.1.7　人文潜力深度挖掘

多年来由于珠海对自身文化资源挖掘不足，使其源远流长的人文历史、得天独厚的自然资源以及毗邻港澳的国际化优势未能完全展现，现阶段在人文国际多元领域尚存在短板，仅处于综合发展合格等级，表现为与国际城市之间的交流合作和商务往来深度不够、城市品牌文化活动稳定性不足、文化遗产保护有待进一步落实等。但值得关注的是，珠海入选为“国家全域旅游示范区”，未来将有一系列工作落实，或将推动珠海滨海旅游城市形象的打造。

5.1.7.1　深度发掘旅游资源，创建全域旅游示范区

随着滨海旅游城市形象的不断强化，珠海在未来工作中需深度挖掘城市旅游资源，对接国际旅游大环境，积极释放旅游市场潜力。首先，丰富旅游产业链，积极打造海洋海岛、主题公园、商务会展、节庆赛事四大地域特色产品，同时发展多个专项旅游产品，全力打造城市名片，推动全市旅游品质升级提档；其次，以“国家全域旅游示范区”城市创建为契机，联动珠江口两岸旅游一体化发展需求，充分发挥毗邻港澳的区位优势与自身生态环境、旅游资源优势，打造国际旅游品牌，实现与粤港澳旅游发展的对接与一体化旅游市场的构建，形成具有国际影响和滨海特色的商务休闲旅游业；最后，积极拓展海外交流渠道，建立与国际城市的旅游合作交流机制，推介珠海旅游城市形象、增强城市吸引力。

5.1.7.2　加速提升文化实力，积极营造文化强市

为进一步提升城市文化环境，珠海在未来发展过程中需加速夯实文化根基、深度挖掘文化特色，全力打造“文化强市”。首先，在城市公共服务设施基本覆盖的基础上，提升公共文化服务能力与效力，为居民提供高质量、精细化的文化服务，实现文化氛围精致营造；其次，挖掘城市文化特色，持续深化凸显大品牌活动影响力与知名度，依托市民艺术节全方位、多维度地展示珠海文化建设成果，借助文化创意产业特色基地塑造多业态良性发展的城市生态文化圈，推动形成广泛覆盖且活跃积极的城市文化氛围；最后，健全城市文化产业发展链，推进文化产业与相关产业融合发展，包括文化科技、文化金融、文化旅游、文化媒体等内容，提升相关产业文化附加值，进而实现文化产业转型升级。

5.1.7.3　深化对外合作交流，营造开放国际氛围

珠海作为我国最早开放的经济特区之一，未来应充分发挥港澳等传统渠道的作用，积极开拓“一带一路”新兴市场，在更大范围、更高层次、更广领域参与国际产业链和价值链。一方面，以国际友好城市交往为纽带，深化城市对外合作交流空间，在多边友好交流往来中实现资源对接、优势互补，以开放促改革，全面提升城市国际化水平。另一方面，持续巩固

对外经济贸易交流市场，营造国际化、法治化、市场化营商环境，并在特色化招商、投资环境宣传推广方面持续发力，提高全市投资推广的社会影响力。探索珠港澳合作新模式，参与推进粤港澳大湾区建设，深化建设中拉经贸合作平台，扩大珠海国际影响力，努力成为大西南对接港澳、走向海外的桥头堡，构建开放型国际交往氛围。

5.1.7.4 科学引领海岛发展，提升滨海旅游品质

丰富的海岛资源是珠海自然生态环境的宝贵财富，在“国家全域旅游示范区”创建以及“国家休闲渔业示范基地”建设的利好政策支持下，珠海要在滨海旅游城市形象打造过程中充分发挥海岛价值，科学谋划海岛发展，有序开发利用海岛资源，升级培育海洋海岛，全力展现滨海城市特色资源。在具体工作中，一是依托各海岛资源禀赋，充分挖掘海岛资源优势，统筹各海岛差异化开发，建立生态、低碳的海岛开发模式，推进海岛经济可持续健康发展；二是以全域旅游和生态岛礁建设理念为指引，坚持生态修复与开发建设相结合，实现绿色海岛保护与旅游产业开发有效协调、相互促进的发展目标；三是通过高端精品海岛旅游提升全市旅游业发展竞争力，强化知名旅游城市形象；四是释放海岛高端发展前景利好优势，与国际知名旅游资源形成高效畅通的对接机制，全面提升海岛旅游国际化品质，促进海岛经济快速发展。

5.2 城市发展愿景展望
DEVELOPMENT VISIONS OF ZHUHAI

5.2.1 粤港澳湾区时代，未来珠海潜力无限

北有雄安新区，南有粤港澳大湾区，这是 2017 年度影响我国甚至是世界城市格局的最具历史性意义的两大国家战略。2017 年 3 月 5 日，李克强总理在政府工作报告中提出“要推动内地与港澳深化合作，研究制定粤港澳大湾区城市群发展规划，发挥港澳独特优势，提升在国家经济发展和对外开放中的地位和功能”，这标志着粤港澳大湾区正式上升为国家战略，一个覆盖广东省 9 个地级市以及香港、澳门两个特别行政区的粤港澳城市群将携手共进“湾区时代”，这为区域内城市及周边城市带来了前所未有的发展机遇与挑战。

珠海作为珠江西岸核心城市，拥有珠三角最长的海岸线、面积最大的海域、数量最多的海岛和仅次于深圳、广州的人均 GDP，良好的湾区资源和经济条件使其在粤港澳大湾区中的战略地位十分突出。尽管珠海当前经济总量偏小，但城市人均 GDP 位列全国前十，在区域经济低碳、创新发展方面已形成一定优势，并且在深化珠港澳产业合作和协同发展等领域已探索了许多制度创新。同时，得益于长期坚持环境保护生态优先理念和以人为本的城市发展方针，珠海保持了强大的生态定力，在全市范围内形成了“水在城中、楼在绿中、城在园中、人在景中、诗意栖居”的城市风貌，为全体市民提供了较为优质共享的城市服务、平安和谐的社会环境、国际多元的人文环境以及逐年打开的对外交通格局，整个城市发展呈现生

态、开放、活力、创新态势。港珠澳大桥通车之后，珠海将成为全国唯一与香港、澳门同时陆路相连的城市，届时横琴自贸区、港珠澳大桥和拱北、横琴口岸等跨境通道，亦将助力珠海成为粤港澳大湾区中的重要节点。

应对粤港澳大湾区发展机遇，当下的珠海正继续大力实施创新驱动和改革开放战略，突出产业、交通、城市三大重点，加快提升核心城市的综合实力和辐射带动能力，致力于建设粤港澳大湾区创新高地、“一带一路”重要支点、珠江西岸核心城市、城乡共美的幸福之城。结合珠海城市工作会议印发的《关于进一步加强城市规划建设管理工作的实施方案》、2015年颁布的《珠海城市概念性空间发展规划（2013—2060）》、第五版《珠海城市总体规划（2001—2020）》以及即将出台实施的粤港澳湾区规划和正在编制的新版总体规划，将推动珠海未来城市的建设与发展进入全新阶段，通过优势领域的平稳发展、劣势或不足领域的重点建设以及结合城市发展机遇实现部分领域的突破性发展。

具体来说，在生态安全永续领域，珠海将深入推进绿色建筑发展、海绵城市建设及废弃资源循环利用，巩固自然生态保护成果。在空间紧凑宜人领域，珠海将延续滨海湾区特色风貌发展，推进城市设计试点工作，贯彻节约集约用地，实施交通引导开发模式，优化城市空间格局。在出行绿色通畅领域，珠海将以粤港澳大湾区建设为契机，夯实珠江西岸交通枢纽地位，优化升级城市交通体系，提升支路“微循环”网建设，优先发展公共交通和慢行系统。在服务优质共享领域，将以人民需求为出发点，优化公共服务质量，着力解决养老问题，推进智慧城市建设，提升精细化管理水平。在社会平安和谐领域，将以住房保障和社会保障改革创新为抓手，践行多样化住房政策，全面提升社保水平，建设有归属感的城市。在经济低碳创新领域，将深入实施人才强市战略，坚持低碳绿色发展，着力振兴实体经济，增强产业核心优势。在人文国际多元领域，将深度挖掘旅游资源潜力，科学引导海岛发展，创建全域旅游示范区，同时积极营造国际开放合作氛围和文化强市。

总体上，在即将到来的粤港澳大湾区时代，珠海因其得天独厚的湾区资源以及多年来城市经济社会发展良好基础，未来的发展空间充满想象。在可预见的未来，珠海将以湾区发展为契机，在尊重并合理保护利用先天条件的基础上，科学循序渐进地进行后天发展，为人们留住优美、整洁、怡人的自然生态环境，打造安全、舒适、文明的社会环境，塑造开放、包容、和谐的人文环境，创造繁荣、活力、创新的经济环境。

5.2.2 外拓必先内治，东西城区均衡建设

纵观世界城市与区域发展史，大多数区域的发展都是由点到面、由单线条向网络联通的过程，继而由单个城市向城市圈、城市连绵带扩展，最终实现城市有机整体的建设和城市群的发展。珠海为省辖地级市，于1979年2月经国务院批准设市，1980年成立珠海经济特区，其城市建设也正沿着上述历程在不断发展。

从珠海历届城市总体规划变迁可略窥一二：1980年珠海第一轮总体规划的规划范围仅包括香洲、吉大、拱北、前山、南屏和湾仔地区，规划面积为15.16平方公里。1988年第二轮

总体规划范围增加唐家、下栅（金鼎）地区，规划面积扩大至 50.15 平方公里。1989 年出台珠海市东区与金湾区的战略规划，提出将市区的发展逐步向西推进。1995 年第三轮城市总体规划的规划范围覆盖珠海绝大部分陆域（1200 平方公里）。2001 年第四轮城市总体规划将规划范围扩大到全部陆域和海域地区（陆域 1724 平方公里、海域 6103 平方公里），并首次提出主城区概念，包括由香洲、新香洲、吉大、前山、拱北等组成的香洲城区和由南屏、湾仔、洪湾等组成的南湾城区。2015 年修编完成的《珠海城市总体规划（2001—2020）》分为市域和中心城区层面，中心城区则延续上述主城区的概念。总体上，自珠海建市三十多年来，其城市规划建设管理工作重点长期集中在以香洲城区和南湾城区为主的东部城区，而以金湾区、斗门区为主的西部城区发展则相对较晚。

结合珠海城市空间扩展历程以及前文基于大数据分析得到的 2016 年度“十大民生指标”分析结果，可清晰发现现阶段珠海城市内部呈不均衡分化发展态势——东部城区的香洲城区和南湾城区发展水平普遍高于西部城区的斗门区和金湾区。东部城区街区活动便捷，功能布局合理，道路出行通畅，公交使用便捷，义务教育与医疗服务资源丰富，具有较为明显的发展优势。西部城区则在绿色空间亲近、住房价格满意方面发展成绩较为突出。东西城区在自然环境宜人和通勤距离舒适方面的发展水平相当。可见，珠海东部城区得益于较为完善的基础设施和长期的城市建设，在空间紧凑、出行通畅、教育医疗服务均衡方面率先形成发展优势，而西部城区由于开发较晚，反而保留了更多的绿色空间和维持了较为合理的住房价格。

为推动珠海城市更高水平的发展，增强东西城区发展的均衡性是未来发展必经之路，通过东部城区发展再升级、西部城区大开发，真正实现珠江西岸核心城市的全域打造。

珠海东部城区要着力巩固既有发展优势，以陆海协调发展、城镇低碳和谐、生态系统稳定为核心，打造环境优美的东部滨海花园城区。全力推进旧城改造，优化调整东部城区土地资源配置，使城市更新高质量全方位深入推进。立体化推进海港、空港和高铁枢纽建设，建成一批骨干路网加密主城区快速化通道。重点完善现有公共服务设施体系，改善城市服务品质，使社会治安防控体系更加完善，城市安全隐患焦点地区的治安问题得到有效解决，住房回归居住属性，过热房价得到有效控制。依托口岸地区、十字门商务区等承接深港澳现代服务业转移，建立与周边城市组团有机协调的功能与产业分工关系，同时依托大学城与高新技术产业优势打造成为服务珠三角西岸的科技教育、技术创新中心。保护名城风貌，充分挖掘海岛资源优势，统筹各海岛差异化的生态低碳开发模式，以高端精品海岛旅游提升全市旅游业竞争力。

珠海西部城区作为城市未来大开发的重要战略平台，应充分把握西部生态新区上升为省级发展战略的机遇，完善“一城两翼”的城市发展新格局，以产业、交通、城市为抓手拉开生态新城建设框架，强调营造完善和便捷的城市功能，强化社区环境综合整治，丰富生态新区发展内涵。在具体工作中，珠海西部城区将以良好的自然环境为基础，引导新区生态化、组团式发展，构筑多条绿色生态走廊，推广绿色市政基础设施，建设“海绵城市”。以“港-产-城”联动发展为主线，盘整处理已批未建用地，推进闲置土地的开发建设。完善“大交通”基础设施，构建功能导向、生态绿色、轨道为主、公交优先的路网结构。重点推进新的公共中心建设，优先发展与市民生活密切相关的教育、医疗卫生和体育等设施，进一步扩大基层政务服务范畴，打造更为完善和更加人性化的无障碍环境。大力发展先进制造业、临港临空产业及配套的商贸物流等服务业，延长产业链。依托于丰富的旅游资源，大力发展乡村旅游、休闲观光、养生养老等新业态。

通过东西城区的均衡建设，将实现珠海香洲城区和南湾城区的转型升级，土地资源节约集约利用、交通出行快速便捷、城市安全屏障高筑、房地产市场平稳健康、区域合作格局紧密、旅游城市形象提升等。金湾区和斗门区建设将加速推进，坚持生态优先，绿色发展，闲置土地不断盘活，交通出行全线提高，基本公共服务配套逐步完善，产城融合发展、新业态创新发展，实现城市内部均衡发展，夯实珠海发展基础，进而提升城市居民的工作、生活品质，提高城市发展活力，增进城市民生福祉。

5.2.3 全面协调、高质推进发展水平持续提升

长期以来，珠海通过系统的城市规划、完善的法律法规体系、严格的环保与开发管理政策以及先进的园林城市、生态城市、森林城市建设理念，全方位保障和推进城市的建设与发展工作，为子孙后代留下了青山绿水、蓝天白云、空气清新的优美环境，1998 年获得中国首个联合国人居署“国际改善人居环境最佳范例奖”，并在 2014—2016 年期间连续位居中国社会科学院发布的“中国宜居城市竞争力十强”榜首。珠海城市建设成就有目共睹，未来将通过政府、企业、市民的共同努力，实现城市发展水平持续提升。

“打造现代化宜居宜业城市”是珠海城市工作会议对城市未来发展的顶层布局，也是珠海全面落实中央城市工作会议精神的重要抓手。珠海将着重从强化城市规划工作、塑造城市特色风貌、提升城市建筑水平、推进低碳集约城市建设、完善城市公共服务、营造城市宜居环境、创新城市治理方式以及切实加强组织领导等方面打造独具特色的宜居宜业城市。根据前文的评估结果，2016 年珠海已实现城市整体发展水平由合格迈入良好等级。未来，随着粤港澳大湾区时代的到来，珠海将加快落实十九大报告精神，到 2020 年，城市竞争力显著增强，东西城区协调均衡发展，率先实现基本公共服务均等化，基本建成珠江西岸核心城市和国际化创新型城市；到 2030 年，全面建成产业创新引领、全域协调发展、生态安全永续、功能国际接轨、社会包容共享的现代化宜居宜业城市。

针对现阶段各领域发展不均衡的情况，珠海亟须从大局出发，以城市、产业、交通为三大抓手，全面统筹推进城市建设的各个环节，不断增强发展的整体性和均衡性。在城市发展战略制定方面，珠海应注重结合各领域的发展现状加以区别对待，鼓励在部分优势领域率先达到国内甚至国际先进水平，加大对弱势领域的政策倾斜，对各领域进行持续性提升与发展。未来，争取到 2020 年实现各领域均衡发展。其中，生态安全永续、空间紧凑宜人、经济低碳创新、服务优质共享和社会平安和谐领域可争取向城市综合发展优秀等级晋升，人文国际多元、出行绿色通畅领域争取实现突破性发展，向城市综合发展良好等级努力。

本报告中《指标体系》中的 70 个具体评价指标是评估珠海城市发展水平的关键衡量因子。

未来，随着粤港澳大湾区时代到来、港珠澳大桥通车在即、横琴自贸区升级为国家战略、珠江西岸先进装备制造产业带建设深入推进、创新驱动发展战略成为珠海新时期任务等，珠海城市建设将步入继建设经济特区后的第三次重大战略机遇期。未来的珠海将迎来新一轮的快速发展期，产业进一步聚集，空间逐步均衡发展，各项设施不断完善，城市发展质量有较大幅度提升。期望通过这套不断更新完善的指标体系，定期对珠海城市发展进行“体检”，诊断各领域发展水平与变化情况，为城市规划建设管理提供参考依据，为其他城市、社会公众了解，学习珠海提供素材索引。

APPENDIXES

附录

附录 1　珠海 2016 年度城市发展水平评估说明

本报告应用《珠海城市发展评价指标体系》和“基于大数据的十大民生指标”的研究成果，对珠海 2016 年度城市发展水平进行了全面系统评估，具体评估工作分为城市综合发展指数计算和民生综合发展指数计算两部分。

1.1　城市综合发展指数计算

城市综合发展指数计算主要涉及《指标体系》中 70 个具体评价指标的 2016 年现状值、2020 年目标值、标杆值和最差值的赋值，获得各指标赋值之后按照 3.2.1 城市综合发展指数计算方法和 3.2.3 城市发展等级评价方法进行城市发展水平的评估工作。

各指标 2016 年现状值来源包括：珠海市各部门的官方统计数据、专业机构的问卷调查及计算分析结果（见附表 1）。标杆值赋值是根据国内外多个先进宜居城市的指标水平，结合珠海市各指标现状值、未来预期增长空间以及地区相关发展规划确定的。2020 年目标值则是结合各指标标杆值、各指标现状值、2015—2020 年期间预期增长空间以及地区既定发展规划确定的。最差值赋值是根据指标属性，选取最低水平或国内外较差地区的现状数据作为该指标的最差值。

《指标体系》各评价指标 2016 年现状值来源　　附表 1

来源途径	来源单位	具体指标
珠海市官方统计数据	珠海市住房和城乡规划建设局、珠海市交通运输局、珠海市统计局、珠海市国土资源局、珠海市海洋农业和水务局、珠海市环境保护局、珠海市政务服务管理局、珠海市市政和林业局、珠海市会议展览局、珠海市科技和工业信息化局、珠海市公安局、珠海市人力资源和社会保障局、珠海市外事局、珠海市文化体育旅游局、珠海市商务局、珠海市民政局、珠海市教育局、珠海市卫生和计划生育局、珠海市残疾人联合会、珠海市志愿者联合会、国家统计局珠海调查队	公众对城市环境保护满意率、PM2.5 年均浓度、森林覆盖率、生态保护用地占国土面积比例、水体岸线自然化率、水功能区水质达标率、生活垃圾资源化利用率、再生水回用率、新建建筑中绿色建筑比例、人行道林荫路覆盖率、人均公园绿地面积、公园绿地服务半径覆盖率、单位建设用地地区生产总值、存量空间开发率、平均通勤时间、国际客运通航点、1 小时通勤圈可达城市数量、路网密度、工作日高峰时段公共交通平均车速、公共交通占机动化出行比例、清洁能源公交比例、慢行交通线网密度、零碳出行率、公交站点 300m 服务半径覆盖率、十二年免费教育覆盖率、从业人员继续教育年参与率、每千人口执业（助理）医师数、每万人口全科医生数、人均体育活动场地面积、每百名老年人口拥有养老床位数、居家和社区养老服务覆盖率、社会事务服务事项网上办理率、社会安全指数、居民幸福指数、“三险”综合覆盖率、住房保障覆盖率、注册志愿者人数占比、非化石能源占一次能源消费比重、单位 GDP 能耗、服务业增加值占 GDP 比重、高新技术产品产值占规模以上工业总产值比重、民营经济增加值占 GDP 比重、R&D 经费支出占 GDP 比重、登记失业率、主要劳动人口受过高等教育比例、城镇常住居民人均可支配收入、全体居民人均可支配收入与人均 GDP 增速比、年接待外国游客人数、国际友好城市数、常住外籍人员来源国家（地区）数、世界 500 强企业落户数、外商直接投资占 GDP 比重、文化及相关产业增加值占 GDP 比重
专业机构问卷调查	珠海市城科国际宜居城市研究中心、广东省省情调查研究中心、北京师范大学珠海分校	政务环境满意度、城市景观风貌控制满意度、无障碍设施满意度、居民幸福指数

续表

来源途径	来源单位	具体指标
专业机构计算	珠海市城科国际宜居城市研究中心、珠海市城乡规划编审与信息中心	步行10分钟可亲近自然的区域比例、平均街区长度、TOD模式周边开发率、公交站自行车租赁点衔接率、十分钟公共文体服务圈覆盖率、公共场所免费无线网覆盖率、应急避难场所应急处置半径覆盖率、住房价格收入比、国际性体育赛事、节庆活动、会议会展举办场次、每十万人文化艺术场、博物馆馆数
暂缺数据	—	雨水径流总量控制率、人均避难场所面积、历史建筑保护率

注：因雨水径流总量控制率、人均避难场所面积、历史建筑保护率3个指标2016年现状数据暂缺，本报告统一采用专家评估法判断珠海上述指标基本已达到合格等级，发展指数按6.00计算。

1.2 民生综合发展指数计算

民生综合发展指数计算主要涉及“基于大数据的十大民生指标”的2016年现状水平在网格尺度和街道尺度的测算，获得各指标测算结果之后按照3.2.2民生综合发展指数计算方法进行城市内部发展水平的评估工作，相关评估结果见附录2。

各指标的网格尺度和街道尺度计算均由珠海市城乡规划编审与信息中心完成。其中，街道尺度的各指标均是由网格尺度上推求各街道内所有网格的平均值得到的结果。

附录 3　珠海市城市景观风貌控制满意度调查问卷

第一部分：您的基本资料

1. 您的性别

□男　□女

2. 您的年龄

□ 15 ~ 24 岁　□ 25 ~ 34 岁　□ 35 ~ 44 岁　□ 45 ~ 54 岁　□ 55 ~ 64 岁
□ 65 岁及以上

3. 您的受教育程度

□小学及以下　□初中　□高中、中专及职业高中　□大专、本科
□硕士及以上

4. 您的职业

□政府机关工作人员　□国企及事业单位工作人员　□私企员工
□学校、医院等专业人员　□个体户、自主创业人员　□外企员工
□学生　□自由职业者　□待业人员　□离退休　□其他

5. 您的月收入水平

□没有收入　□ 2000 元以内　□ 2001 ~ 5000 元　□ 5001 ~ 8000 元　□ 8001 元以上

6. 您在珠海居住的时长

□半年以内　□半年至 1 年　□ 1 ~ 5 年　□ 5 ~ 10 年　□当地居民

7. 您的居住地区域特色（可多选）

□滨海　□滨河　□沿山　□沿街　□普通小区
□沿城市主干道（港湾大道、古元路、情侣北路、梅华路、明珠大道、三台石路、迎宾路、南湾路、横琴第三通道、珠峰大道等）　□沿城市主干路　□其他

8. 您的居住地区域所属行政区 / 功能区（可多选）

□香洲区　□金湾区　□斗门区　□高新区　□横琴新区
□保税区　□万山区　□高栏港区
具体的小区 ________ 或街道 ________

附录2　珠海2016年度城市发展水平评估结果

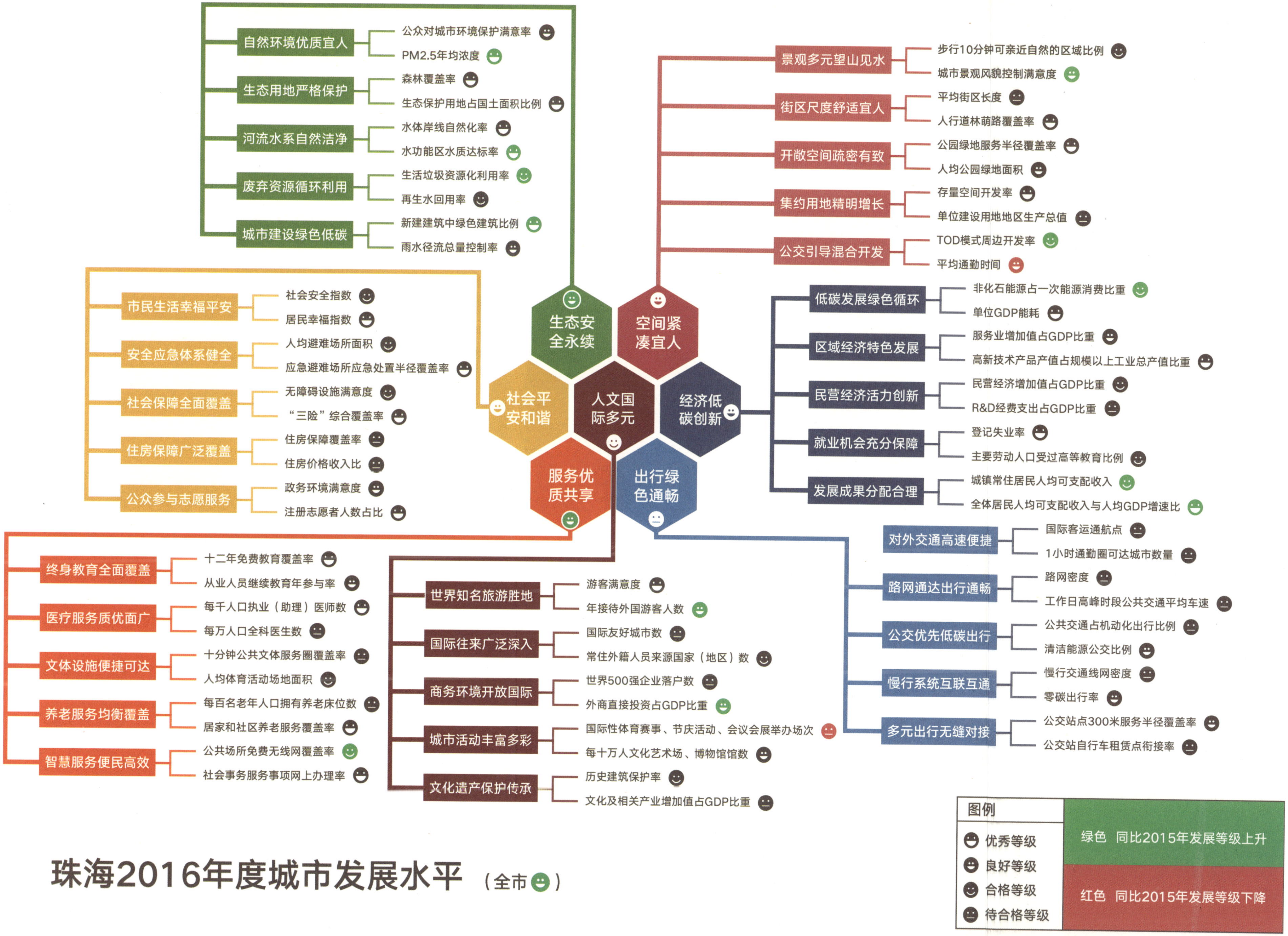

9. 您的经常活动地区域所属行政区 / 功能区（可多选）

☐香洲区　☐金湾区　☐斗门区　☐高新区　☐横琴新区

☐保税区　☐万山区　☐高栏港区

具体的小区 ________ 或街道 ________

第二部分：您对珠海市城市景观风貌控制的满意程度

1. 您认为珠海城市景观的特色主要体现在（可多选）

☐城市天际线　☐城市山脊线　☐城市海岸线　☐建筑风貌　☐建筑布局

☐公共艺术空间　☐城市绿化　☐道路景观　☐海岛景观

2. 以下列举的珠海特色空间，您印象最深刻的是（可多选，不超过 10 项）

☐情侣路　☐珠海渔女　☐石景山　☐凤凰山　☐板障山

☐香炉湾　☐海滨公园　☐将军山公园　☐东澳岛　☐外伶仃岛

☐淇澳岛　☐桂山岛　☐野狸岛　☐珠海大剧院　☐白石街

☐圆明新园　☐珍珠乐园　☐梅溪牌坊　☐观澳平台　☐栖霞仙馆

☐唐家湾古镇　☐会同村　☐共乐园　☐炮台山公园　☐苏曼殊故居

☐苏兆征故居　☐湾仔澳门街　☐竹仙洞　☐烈士陵园　☐御温泉

☐鳄鱼岛　☐黄杨山　☐金台寺　☐北山村　☐石博园

☐斗门古街　☐灯笼沙水乡　☐篆猗堂　☐荷包岛　☐金沙滩

☐牛津街　☐普陀寺　☐白藤湖　☐霞山公园　☐万山岛

☐海滨泳场　☐庙湾岛　☐白莲洞公园　☐飞沙滩　☐海泉湾

☐芒洲湿地公园　☐长隆海洋王国　☐珠海农科奇观

☐石溪摩崖石刻群　☐拉塔石炮台公园　☐珠海市博物馆

☐华发水郡省级湿地公园　☐其他

3. 您去以上所列举场所的频率如何？

☐ 1 周 3 次以上　☐ 1 周 1 次左右　☐ 2 ~ 3 周去 1 次　☐很少去　☐从没去过

4. 您对珠海塑造的“山海相依、陆岛相望”的城市特色景观风貌是否满意？

☐非常满意　☐基本满意　☐一般　☐较不满意　☐不满意　☐不清楚

5. 您对珠海前山河、马骝洲水道、十字门水道、黄杨河、胜利河、天生河、鸡啼门水道、南水沥、磨刀门水道、坭湾门水道滨河岸线以及中心城区、唐家湾新城、规划的平沙新城滨海岸线沿线区域高层建筑少、低多层建筑多的现状是否满意？

☐非常满意　☐基本满意　☐一般　☐较不满意　☐不满意　☐不清楚

6. 您对珠海居住建筑与山体之间的距离是否满意？

□非常满意　□基本满意　□一般　□较不满意　□不满意　□不清楚

7. 您对沿珠海港湾大道、古元路、情侣北路、梅华路、明珠大道、三台石路、迎宾路、南湾路、横琴第三通道、珠峰大道等城市主干道两侧分布的居住小区商业建筑服务设施的集中独立布置情况是否满意？

□非常满意　□基本满意　□一般　□较不满意　□不满意　□不清楚

8. 您对珠海居住小区内开放式绿地的面积和布局是否满意？

□非常满意　□基本满意　□一般　□较不满意　□不满意　□不清楚

9. 您对珠海居住小区建筑布局的整体舒适性是否满意？

□非常满意　□基本满意　□一般　□较不满意　□不满意　□不清楚

10. 您对珠海在城市道路与滨水道路之间的交叉口处所打造的绿地、公园、河道、城市广场、庭院等开敞空间是否满意？

□非常满意　□基本满意　□一般　□较不满意　□不满意　□不清楚

11. 您对珠海在城市道路与山边道路之间的交叉口处所打造的绿地、公园、山林农田、城市广场、庭院等开敞空间是否满意？

□非常满意　□基本满意　□一般　□较不满意　□不满意　□不清楚

12. 您对珠海滨水、沿山以及沿城市主干道两侧的高层居住建筑与城市景观之间形成的视线通廊（即由人眼到景观所经过的整个廊道空间）的通透性是否满意？

□非常满意　□基本满意　□一般　□较不满意　□不满意　□不清楚

13. 您对珠海零售商店、商场、超级市场、菜市场、旅馆、饮食店、文化娱乐场所、会员俱乐部、银行、邮局、金融证券交易场所等商业建筑所提供的公共开敞空间是否满意？

□非常满意　□基本满意　□一般　□较不满意　□不满意　□不清楚

14. 您对珠海新城建设和城市更新项目所塑造的岭南建筑风格是否满意？

□非常满意　□基本满意　□一般　□较不满意　□不满意　□不清楚

15. 您对珠海滨水、沿山以及沿城市主干道两侧的高层居住建筑的分布格局是否满意？

□非常满意　□基本满意　□一般　□较不满意　□不满意　□不清楚

16. 您对珠海沿山体四周居住建筑的设计风格是否满意？

□非常满意　□基本满意　□一般　□较不满意　□不满意　□不清楚

17. 您对珠海中心城区建筑的色调设计是否满意？

□非常满意　□基本满意　□一般　□较不满意　□不满意　□不清楚

18. 您对珠海建筑外立面及屋顶附加物（如招牌、灯箱、建筑节能装备等）的色彩、尺度、外形、位置与主体建筑之间的美观协调性是否满意？

□非常满意　□基本满意　□一般　□较不满意　□不满意　□不清楚

19. 您对珠海沿城市主干路两侧分布的居住建筑高度是否满意？

□非常满意　□基本满意　□一般　□较不满意　□不满意　□不清楚

20. 您对珠海大道、香海路、金港大道、迎宾大道、情侣路、梅华路、港湾大道、九州大道、南湾大道、黄杨大道、景山路、金铭路、机场北路、横琴环岛路、S272 线、前山河两岸沿河路、黄杨河两岸沿河路等城市景观性道路两侧打造的附属景观绿地是否满意？

□非常满意　□基本满意　□一般　□较不满意　□不满意　□不清楚

21. 您对珠海沿街建筑立面上设施（如烟囱、空调室外机等）的隐蔽性与美化度是否满意？

□非常满意　□基本满意　□一般　□较不满意　□不满意　□不清楚

22. 您对珠海居住建筑沿城市主干路及临城市广场、公共绿地一侧的阳台封闭性是否满意？

□非常满意　□基本满意　□一般　□较不满意　□不满意　□不清楚

23. 您对珠海城市主要道路和重要景观节点的灯光夜景的建设情况是否满意？

□非常满意　□基本满意　□一般　□较不满意　□不满意　□不清楚

24. 您对珠海由城市雕塑、街道小品、道路广场设施等形成的城市整体环境艺术品质是否满意？

□非常满意　□基本满意　□一般　□较不满意　□不满意　□不清楚

25. 您认为目前城市景观风貌哪方面需要加强建设？（可多选）

□“三线”管理（天际线、山脊线、海岸线）　□城市道路景观　□建筑布局

□城市公共艺术空间　□建筑风貌　□其他

26. 您认为目前城市景观风貌具体存在哪些问题？（可多选）

□水系资源和滨水空间遭破坏　□海岛资源开发不足　□山体资源未得到充分利用

□历史文脉随城市消失　□城市建筑色彩风格杂乱　□城市建筑风貌特色不明显

□其他问题

附录 4　珠海市居民幸福感调查问卷

第一部分：您的基本资料

1. 您的性别

□男　□女

2. 您的年龄

□ 15 ~ 24 岁　□ 25 ~ 34 岁　□ 35 ~ 44 岁　□ 45 ~ 54 岁　□ 55 ~ 64 岁

□ 65 岁及以上

3. 您的受教育程度

□小学及以下　□初中　□高中、中专及职业高中　□大专、本科

□硕士及以上

4. 您的婚姻状态

□未婚　□已婚　□离异　□丧偶　□其他

5. 您的职业

□政府机关工作人员　□国企及事业单位工作人员　□私企员工

□学校、医院等专业人员　□个体户、自主创业人员　□外企员工

□学生　□自由职业者　□待业人员　□离退休人员　□其他

6. 您的月收入水平

□没有收入　□ 2000 元以内　□ 2001 ~ 5000 元　□ 5001 ~ 8000 元

□ 8001 ~ 12000 元以上　□ 12001 元以上

7. 您的家庭年度总收入水平

□低于 5 万元　□ 5 万 ~ 10 万元　□ 10 万 ~ 15 万元　□ 15 万 ~ 30 万元

□ 30 万 ~ 50 万元

8. 您在珠海居住的时长

□半年以内　□半年至 1 年　□ 1 ~ 5 年　□ 5 ~ 10 年　□当地居民

9. 您的居住地区域特色（可多选）

□滨海　□滨河　□沿山　□沿街　□普通小区

□沿城市主干道（港湾大道、古元路、情侣北路、梅华路、明珠大道、三台石路、迎宾路、南湾路、横琴第三通道、珠峰大道等） □沿城市主干路 □其他

10. 您的居住地区域所属行政区 / 功能区（可多选）

□香洲区 □金湾区 □斗门区 □高新区 □横琴新区

□保税区 □万山区 □高栏港区

具体的小区 ________ 或街道 ________

第二部分：您对生活的幸福感受

1. 您对个人幸福程度的总体评价

□非常满意 □基本满意 □一般 □较不满意 □不满意 □不清楚

2. 您对目前工作状况的满意度

□非常满意 □基本满意 □一般 □较不满意 □不满意 □不清楚

3. 您对目前收入状况的满意度

□非常满意 □基本满意 □一般 □较不满意 □不满意 □不清楚

4. 您对个人发展前景预期的满意度

□非常满意 □基本满意 □一般 □较不满意 □不满意 □不清楚

5. 您对有尊严生活的满意度

□非常满意 □基本满意 □一般 □较不满意 □不满意 □不清楚

6. 您对珠海市教育状况的满意度

□非常满意 □基本满意 □一般 □较不满意 □不满意 □不清楚

7. 您对珠海市社会保障水平的满意度

□非常满意 □基本满意 □一般 □较不满意 □不满意 □不清楚

8. 您对珠海市医疗服务水平的满意度

□非常满意 □基本满意 □一般 □较不满意 □不满意 □不清楚

9. 您对珠海市住房状况的满意度

□非常满意 □基本满意 □一般 □较不满意 □不满意 □不清楚

10. 您对珠海市交通出行状况的满意度

□非常满意　□基本满意　□一般　□较不满意　□不满意　□不清楚

11. 您对珠海市社区（村）服务设施的满意度

□非常满意　□基本满意　□一般　□较不满意　□不满意　□不清楚

12. 您对珠海市体育健身的满意度

□非常满意　□基本满意　□一般　□较不满意　□不满意　□不清楚

13. 您对珠海市城乡居民出游服务的满意度

□非常满意　□基本满意　□一般　□较不满意　□不满意　□不清楚

14. 您对必要休闲时间保障程度的满意度

□非常满意　□基本满意　□一般　□较不满意　□不满意　□不清楚

15. 您对人际社交的满意度

□非常满意　□基本满意　□一般　□较不满意　□不满意　□不清楚

16. 您对家庭和谐度的满意度

□非常满意　□基本满意　□一般　□较不满意　□不满意　□不清楚

17. 您对文化娱乐生活的满意度

□非常满意　□基本满意　□一般　□较不满意　□不满意　□不清楚

18. 您对珠海市生产或创业环境的满意度

□非常满意　□基本满意　□一般　□较不满意　□不满意　□不清楚

19. 您对珠海市社会诚信度的满意度

□非常满意　□基本满意　□一般　□较不满意　□不满意　□不清楚

20. 您对珠海市消费环境的满意度

□非常满意　□基本满意　□一般　□较不满意　□不满意　□不清楚

21. 您对珠海市社会治安的满意度

□非常满意　□基本满意　□一般　□较不满意　□不满意　□不清楚

22. 您对珠海市社会文明状况的满意度

□非常满意　□基本满意　□一般　□较不满意　□不满意　□不清楚

23. 您对珠海市食品药品安全的满意度

□非常满意　□基本满意　□一般　□较不满意　□不满意　□不清楚

24. 您对珠海市社会分配公平的满意度

□非常满意　□基本满意　□一般　□较不满意　□不满意　□不清楚

25. 您对珠海市诉求表达渠道的满意度

□非常满意　□基本满意　□一般　□较不满意　□不满意　□不清楚

26. 您对珠海市司法公正的满意度

□非常满意　□基本满意　□一般　□较不满意　□不满意　□不清楚

27. 您对珠海市民主决策参与程度的满意度

□非常满意　□基本满意　□一般　□较不满意　□不满意　□不清楚

28. 您对珠海市选举权利保障程度的满意度

□非常满意　□基本满意　□一般　□较不满意　□不满意　□不清楚

29. 您对珠海市政府工作效率的满意度

□非常满意　□基本满意　□一般　□较不满意　□不满意　□不清楚

30. 您对珠海市政府服务态度的满意度

□非常满意　□基本满意　□一般　□较不满意　□不满意　□不清楚

31. 您对珠海市应对突发事件处理的满意度

□非常满意　□基本满意　□一般　□较不满意　□不满意　□不清楚

32. 您对珠海市政务公开的满意度

□非常满意　□基本满意　□一般　□较不满意　□不满意　□不清楚

33. 您对珠海市廉政建设的满意度

□非常满意　□基本满意　□一般　□较不满意　□不满意　□不清楚

34. 您对珠海市饮用水质量的满意度

□非常满意　□基本满意　□一般　□较不满意　□不满意　□不清楚

35. 您对珠海市空气质量的满意度

□非常满意　□基本满意　□一般　□较不满意　□不满意　□不清楚

36. 您对珠海市卫生状况的满意度

□非常满意　□基本满意　□一般　□较不满意　□不满意　□不清楚

37. 您对珠海市绿化建设的满意度

□非常满意　□基本满意　□一般　□较不满意　□不满意　□不清楚

附录 5　珠海市无障碍设施满意度调查问卷

第一部分：您的基本资料

1. 您的居住地区域所属行政区 / 功能区

□香洲区　□金湾区　□斗门区　□高新区　□横琴新区

□万山区　□保税区　□高栏港区

具体的小区 __________ 或街道 __________

2. 您的性别

□男　□女

3. 您的年龄

□ 15 ~ 24 岁　□ 25 ~ 34 岁　□ 35 ~ 44 岁　□ 45 ~ 54 岁　□ 55 ~ 64 岁

□ 65 岁及以上

4. 您的文化程度

□小学及以下　□初中　□高中、中专及职业高中　□大专、大学及以上

5. 您的就业状况

□全职　□兼职　□待业或无业　□学生　□退休

6. 您经常去的公共场所（可多选）

□超市 / 商场　□医院　□办公楼　□城市广场 / 公园

□车站 / 机场　□体育馆 / 文化馆　□其他 __________

7. 您去公共场所的频率

□ 经常去　□ 偶尔去　□ 很少去

8. 您使用无障碍设施的原因是（可多选）

□视力缺陷　□听力缺陷　□言语缺陷　□肢体缺陷

□因年纪大行动不便　□ 其他 ________________

第二部分：您对珠海市无障碍设施使用的了解及满意程度

1. 您对无障碍设施的了解程度是

□非常清楚　□了解　□基本了解　□听说过但不太清楚　□没听说过

2. 您最近三个月使用无障碍设施的情况是

□经常使用　□ 偶尔使用　□ 从来不使用

3. 您认为珠海市的无障碍设施对您外出的帮助程度是

□非常满意　□基本满意　□一般　□不太有帮助　□没有帮助

4. 您对珠海公共场所的盲道、坡道、人行天桥和人行地下通道的无障碍设施是否满意？

□非常满意　□基本满意　□一般　□较不满意　□不满意　□不清楚

5. 您对您的居住区的盲道、坡道的无障碍设施是否满意？

□非常满意　□基本满意　□一般　□较不满意　□不满意　□不清楚

6. 您对珠海市在各交通路口设置的盲人钟是否满意？

□非常满意　□基本满意　□一般　□较不满意　□不满意　□不清楚

7. 您对珠海市的公交车导盲系统是否满意？

□非常满意　□基本满意　□一般　□较不满意　□不满意　□不清楚

8. 您对珠海市的无障碍公交车和无障碍出租车（便于轮椅上下车以及轮椅停放）是否满意？

□非常满意　□基本满意　□一般　□较不满意　□不满意　□不清楚

9. 您对珠海公共场所的无障碍出入口（有扶手与护栏、入口平台宽度适宜、防滑等）是否满意？

□非常满意　□基本满意　□一般　□较不满意　□不满意　□不清楚

10. 您对您的居住区的无障碍出入口是否满意？

□非常满意　□基本满意　□一般　□较不满意　□不满意　□不清楚

11. 您对珠海公共场所建筑物内设置的报警、医疗急救等紧急呼叫系统是否满意？

□非常满意　□基本满意　□一般　□较不满意　□不满意　□不清楚

12. 您对您的居住区内设置的报警、医疗急救等紧急呼叫系统是否满意？

□非常满意　□基本满意　□一般　□较不满意　□不满意　□不清楚

13. 您对珠海公共场所建筑物中电梯内的无障碍设施（有带盲文的选层按钮、报层音响、宽度适宜等）是否满意？

□非常满意　□基本满意　□一般　□较不满意　□不满意　□不清楚

14. 您对您的居住区电梯内的无障碍设施是否满意？

□非常满意　□基本满意　□一般　□较不满意　□不满意　□不清楚

15. 您对珠海公共场所的无障碍厕所（低位洗手池、地面防滑、抓杆等）是否满意？

□非常满意　□基本满意　□一般　□较不满意　□不满意　□不清楚

16. 您对珠海公共场所的停车场的无障碍停车位（设有残疾人专用停车位）是否满意？

□非常满意　□基本满意　□一般　□较不满意　□不满意　□不清楚

17. 您对您的居住区的停车场的无障碍停车位是否满意？

□非常满意　□基本满意　□一般　□较不满意　□不满意　□不清楚

18. 您对珠海市为残疾人提供的免费“保姆手机”是否满意？

□非常满意　□基本满意　□一般　□较不满意　□不满意　□不清楚

19. 您对珠海市公共图书馆的视力残疾人阅览室及盲文读物、有声读物是否满意？

□非常满意　□基本满意　□一般　□较不满意　□不满意　□不清楚

20. 您对珠海市政府网、政府公益活动网、残疾人专用网等网站的无障碍设计是否满意？

□非常满意　□基本满意　□一般　□较不满意　□不满意　□不清楚

21. 您对珠海市公共服务机构和公共场所提供的语音和文字提示、手语、盲文等信息交流服务是否满意？

□非常满意　□基本满意　□一般　□较不满意　□不满意　□不清楚

22. 您身边是否有许多无障碍设施被占用或破坏？

□ 没有被占用或破坏　□ 很少有　□ 一般　□ 较多

□ 完全被占用或破坏

23. 除了以上提到的无障碍设施，您平时还使用过哪些特殊的无障碍设施？

24. 您认为珠海市还应该增添哪些无障碍设施？

25. 您认为珠海市现有的无障碍设施哪些地方还需要改进？

后记

《珠海城市发展报告 2017》于 2017 年 3 月开始编制，是由中国城市科学研究会学术部、珠海市城科国际宜居城市研究中心组织编制，住房和城乡建设部计划财务与外事司原司长何兴华、中国城市科学研究会秘书长余刚、中国城市科学研究会副秘书长徐文珍、中国城市科学研究会原副会长任致远、中国城市科学研究会原秘书长李迅、中国生态城市研究院院长赵燕青、中国科学院地理科学与资源研究所研究员张文忠、北京交通大学城市规划设计研究院副院长董晓峰《城市发展研究》编辑部主任王亚男组成学术顾问团队，多家国内外著名高校、地方权威统计部门、企业研发机构的数十位专家参与，经过系统的理论探讨和调查研究，精心打磨而成的成果。

本报告的技术基础——《珠海城市发展评价指标体系》由中国城市科学研究会学术部组织编制完成，“基于大数据的十大民生指标”由深圳市北京大学规划设计研究中心有限公司组织编制完成。指标现状数据测算由珠海市住房和城乡规划建设局、珠海市城乡规划编审与信息中心、珠海市交通运输局、珠海市统计局、国家统计局珠海调查队等 23 个珠海市相关职能部门以及珠海市城科国际宜居城市研究中心联合相关机构共同完成。成果研究与编写由李海龙、谢汝芹、张砚婷、逄珊珊、高会芳、谢皓月、王文静、方丹、戴国雯、杨德凭、王云、卢克宇、龚咏喜、仝德、谭文杰、潘裕娟等人共同完成。

本报告在编制过程中得到了珠海市住房和城乡规划建设局的大力支持，在此特向王朝晖、高磊、田建华、庞前聪、陈真、高艺、王一波、江文亚、秦烨、许彦、童妙等人为报告所做的贡献表示感谢。

本报告是由中国城市科学研究会学术部、珠海市城科国际宜居城市研究中心以第三方角度组织编写的一本关于珠海城市发展水平的年度评估报告，是国内较少的应用指标体系衡量一个城市发展水平并且逐年发布的报告。本报告作为探索性、阶段性的成果，欢迎广大读者朋友对指标选取、评价方法、报告观点等提出宝贵意见，并欢迎到我们官网——国际宜居城市（珠海）研究中心（http://www.iulazhuhai.org/）、珠海宜居城市知识共享平台（http://www.liveablecity.org.cn/）与微信公众平台（国际宜居城市）交流，逐步构建城市研究与评价领域的信息共享平台。

珠海市城科国际宜居城市研究中心简介

珠海市城科国际宜居城市研究中心（简称"国际宜居城市（珠海）研究中心"，International Urban Livability Academy，缩写 IULA）是由珠海市人民政府和中国城市科学研究会联合发起成立的国内首家宜居城市专门研究机构。

自 2014 年正式挂牌成立以来，IULA 以珠海为研究基地，围绕宜居城市开展了一系列研究、咨询与推广工作。具体包括：研究宜居城市建设发展评价指标体系，从生态、空间、交通、社会、服务、经济、人文等多个领域对宜居城市发展水平进行全面系统评估，面向全社会发布城市发展水平评估系列报告；以评估结果为抓手，开展宜居城市的专项研究工作，如低碳生态城市建设发展目标与路径研究、韧性城市规划设计策略研究、海绵城市规划设计标准研究、城市设计经验分析与研究、历史变迁下的城市建设特色研究、历史文化活化利用研究、部分城区街道设计指引研究、城市新开发区空间整合规划研究等，从城市规划设计角度提升城市宜居水平；针对宜居城市的亮点工作，配套推出宣传推广服务，如申报省级和国家级宜居奖项、撰写城市特色系列宣传文章、搭建国内首个城市发展知识共享平台（http://www.liveablecity.org.cn/）等，通过多途径推广宜居城市优秀经验。

经过近三年时间的发展，IULA 依托中国城市科学研究会和自身的科研力量，已组建了一支由国内外高层次人才构成的研究队伍，并且形成了成熟的宜居城市评价指标体系、评估方法、专题研究经验以及宣传推广途径，能够为珠海以及其他更多的城市提供相关服务。

未来，IULA 将继续围绕宜居城市开展科学研究、规划设计、战略咨询以及国际合作，研究领域将进一步涵盖城乡规划、水资源、绿色交通、生态园林城市、生态修复、海绵城市、绿色建筑、新能源、智慧城市、固体废弃物、公共服务设施、基础设施建设等方面，致力于建设成为国际知名、国内一流、珠海特色的国际宜居城市高端智库和咨询服务交流平台。

主要业务范围

宜居城市高端科学研究；
宜居城市发展战略咨询；
宜居城市规划设计咨询；
宜居城市国际合作与宣传推广。

联系我们

邮箱：liveablecity@iulazhuhai.org

联系电话 / 传真：0756—2605007

网址：www.iulazhuhai.com

微信公众号：国际宜居城市

联系地址：珠海市香洲区梅华东路 302 号 805 室（519000）